WERNER DE BOOR

So ist Jesus

R. Brockhaus Verlag Wuppertal

R. Brockhaus Taschenbücher Bd. 328

1. Auflage 1963
2. Auflage 1968
3. bearbeitete Auflage 1975
4. bearbeitete Auflage 1985
5. bearbeitete Auflage 1985
6. bearbeitete Auflage 1986
7. bearbeitete Auflage 1988

Umschlaggestaltung: Carsten Buschke, Leichlingen 2
Gesamtherstellung: Breklumer Druckerei Manfred Siegel KG

ISBN 3-417-20328-7

Erstaunliche Tatsachen

In dem entlegenen Weltwinkel Palästina lebt ein junger jüdischer Handwerker. Nach einer stillen Jugendzeit tritt er öffentlich in seinem Volk auf. Er redet, er gewinnt umwandelnden Einfluß auf Menschen, er tut erstaunliche Dinge. Er erregt wachsende Ablehnung, ja Haß in den maßgebenden Kreisen seines Volkes. Er wird verhaftet, er wird der römischen Besatzungsmacht ausgeliefert, ohne daß seine Anhänger ernsthaften Widerstand wagen. Er stirbt ausgestoßen, verlassen den grauenhaften Verbrechertod am Pfahl.

Und dann wird dieser »tote« Mann unwahrscheinlich »lebendig«. Er beginnt aus dem Weltwinkel Palästina eine Wirksamkeit, die immer weiter und weiter in alle Welt geht und nun schon über 1900 Jahre andauert! In allen Erdteilen kennt man »Jesus«. Immer neu bezeugen Menschen aller Art, jeder Rasse, jedes Bildungsgrades, daß sie in ihm ihr eigentliches Leben fanden. Ungezählte stehen in einer ganz persönlichen, liebenden Verbindung mit ihm. Tausende haben bis in unsere Tage für ihn ihr ganzes Dasein eingesetzt und Leiden und Tod für ihn auf sich genommen.

Erstaunliche Tatsachen! Aber nicht zu bestreiten! Wer ist dieser seltsame Mann? Wer ist »Jesus«? Dies kleine Buch will den Fragenden Antwort geben und ihnen zeigen: Das ist Jesus!

INHALT

I. DER SOHN UND DAS REICH

Wir können Jesus nur auf eine einzige Weise kennenlernen: indem wir lesen, was seine Leute über ihn berichten. Wir wollen diese Berichte im Neuen Testament aufschlagen und mit einander lesen. Wir werden Jesus selbst begegnen. Er wird uns schnell fesseln und in merkwürdiger Weise persönlich treffen und bewegen.

1. Jesus – das ist »der Mensch für Gott« und darin »der Sohn«
Markus berichtet (Kap. 10 V. 17): Als eines Tages Jesus »hinausging auf den Weg, lief einer hinzu, kniete vor ihm nieder und fragte ihn: Guter Meister, was soll ich tun, daß ich das ewige Leben ererbe?« Finden wir hier eine erste Antwort auf unsere Frage? Ist Jesus einer jener »Meister«, jener seltenen Männer, die der Menschheit etwas vom rechten Leben zu sagen haben? Steht Jesus neben einem Plato, Konfuzius, Buddha und andern großen Geistern?

Jesus wischt alle solche Meinungen einfach vom Tisch. Befremdend und erschreckend ist seine Antwort: »Was heißest du mich gut? Niemand ist gut als der einige Gott. Du weißt die Gebote« (V. 18). Jesu Abweisung ist ruhig, aber von tiefem Ernst.

Warum erfolgt sie überhaupt? »Guter Meister« hat jener Mann ihn angeredet. Ist das nicht schön? Und ist es nicht zutreffend? Nein! »Was heißest du mich gut? Niemand ist gut denn der einige Gott.« Nun stehen wir wahrhaft vor Jesus selbst. Jesus selbst – das ist das Herz, das erfüllt ist von Gott und Gottes einzigartiger Herrlichkeit. »Gut« – dieses Prädikat in seinem ganzen Gewicht gebührt nur einem Einzigen, nur Gott allein. Hier aber will einer Gott die Ehre nehmen und sie Jesus anhängen – das ganze Herz und Wesen Jesu lehnt sich dagegen auf. Jesus spürt bei dem ihn Fragenden: Du meinst, ich soll dir jetzt einen Rat geben, zum ewigen Leben zu kommen, und dieser Rat soll dich vorbeiführen an den Geboten Gottes. Du möchtest, daß ich als dieser »gute Meister« mehr kann als der heilige, lebendige Gott, der doch in seinen Geboten gesagt hat, wie man den Weg zum Leben findet. Nein, darauf lasse ich mich nicht ein. »Willst du aber zum Leben eingehen, so halte die Gebote« (Matth. 19,17). Mein Gott hat es dir in den Geboten gesagt, daran hoffe nicht, vorbeizukommen. Meine nicht, ich, Jesus selbst, weise dir einen anderen Weg, einen bequemeren oder einen »höheren«.

Wie wird diese Begegnung mit Jesus sofort zum Gericht über uns. Wie stumpf ist unser Herz gegen Gott. Wie wenig fragen wir nach Gottes Ehre. Wie begierig sind wir dafür nach unserer eigenen Ehre und darum der Schmeichelei zugänglich. »Guter Meister« sagt man zu uns nicht wörtlich. Aber wenn man uns mit Anerkennung anspricht, wenn man unsere Verkündigung lobt, wenn man das Gespräch, das man mit uns gehabt hat, rühmt, wie warm wird uns dann ums Herz. Wir sind darauf aus, daß es angemerkt wird, daß der und der den Weg zu Gott durch uns gefunden habe, daß wir die Bekehrung dieses und jenes Menschen erreicht haben. Daß darin Gott die Ehre genommen wird, merken wir überhaupt nicht. Wie total anders ist Jesus! Wenn er seine Jünger beten lehrte: »Dein Name werde geheiligt!«, so haben wir hier die lebendige Anschauung dazu: Ich will keine solche Anrede, die den Namen meines Vaters verdunkelt. Ich will nicht auf Kosten Gottes von jemand gelobt werden, und ich habe auch nichts, was einer bei mir finden könnte, was an dem heiligen Willen Gottes vorbeiführte.

Jesus – das ist der erstaunliche Mensch, der vollständig und bis in die Tiefe seines Herzens frei ist von Ehrgeiz und Eitelkeit. Wir könnten es die »Demut« Jesu nennen, wenn dies Wort nicht durch Mißverständnisse und Mißbrauch so entstellt und fragwürdig geworden wäre. »Von Herzen demütig« hat Jesus von sich selbst sagen können (Matth. 11,29). Er war es, nicht weil er sich künstlich gering zu machen suchte – wieviel Hochmut steckt hinter unseren Versuchen, »demütig« zu sein, wieviel Ichhaftigkeit hinter unseren mit Demut verwechselten Minderwertigkeitskomplexen! –, sondern weil Gottes Wahrheit, Größe und Güte sein Herz ausfüllte. Die »Demut« Jesu ist seine »Sachlichkeit« vor der einzig-wichtigen Sache Gottes.

Wir sehen es in Luk. 11, 27–28. Das ist jene Stelle, wo eine Frau aus der Volksmenge in den begeisterten Ruf ausbricht: »Selig ist der Leib, der dich getragen, und die Brüste, die du gesogen hast.« Wieder kommt die Antwort Jesu nicht schroff, aber völlig unberührt von jeder Spur von Eitelkeit, ruhig und sachlich, aber mit aller Entschiedenheit: »Ja, selig sind, die Gottes Wort hören und bewahren.« Es gibt keine Menschenverherrlichung, auch keine Verherrlichung Jesu oder gar seiner Mutter Maria neben Gott. Gottes Wort allein ist wichtig und herrlich. Und nur, wenn wir in Jesus dieses Wort Gottes selbst sehen, das menschgewordene Wort des lebendigen Gottes, nur dann wird es wahr: Selig der Leib, der dieses Wort Gottes tragen und als Kindlein zur Welt bringen und nähren durfte.

Oder wir lesen Matth. 12,46–50, den Abschnitt von den »wahren Verwandten Jesu«: »Da er noch zu dem Volk redete, siehe da standen seine Mutter und seine Brüder draußen, die wollten mit ihm reden. Da sprach einer zu ihm: Siehe, deine Mutter und deine Brüder stehen draußen und wollen mit dir reden. Er antwortete aber und sprach zu dem, der es ihm ansagte: Wer ist meine Mutter? und wer sind meine Brüder? Und reckte die Hand aus über seine Jünger und sprach: Siehe da, das ist meine Mutter und meine Brüder! Denn wer den Willen tut meines Vaters im Himmel, der ist mein Bruder und meine

Schwester und meine Mutter.« Hier sieht die »Demut« Jesu zunächst wie lauter Hochmut aus. Jesus weist alle Ansprüche seiner Familie zurück. Er ist nicht der, der in diesen Kreis von Menschen gehört, vielleicht als der Größte und Berühmteste in dieser Familie. Ist das nicht äußerste Überheblichkeit? Aber wieder steht das Erfülltsein von Gott mit tiefem, sachlichem Ernst vor uns: »Wer den Willen Gottes tut, der ist mein Bruder, Schwester und Mutter.«

Und deshalb mit erdrückender Gewalt jene Stelle aus der Bergpredigt, die uns hoffentlich schon Not gemacht hat, Matth. 7,21–23: »Es werden nicht alle, die zu mir sagen: Herr, Herr! in das Himmelreich kommen, sondern die den Willen tun meines Vaters im Himmel. Es werden viele zu mir sagen an jenem Tage: Herr, Herr! haben wir nicht in deinem Namen geweissagt? Haben wir nicht in deinem Namen böse Geister ausgetrieben? Haben wir nicht in deinem Namen viele Taten getan? Dann werde ich ihnen bekennen: ich habe euch nie gekannt; weichet von mir, ihr Übeltäter!« Jesus auf der Höhe seiner Macht, Jesus der Weltrichter, der über den Eingang zum Himmelreich entscheidet. Aber auch hier und gerade hier ist Jesus so selbstlos, so zum Vater gewandt, so ganz und gar erfüllt von dem Vater und seinem Willen, daß er mit diesem heiligen Ernst Menschen verwirft, obwohl sie zu ihm kamen, obwohl sie ihn anreden: »Herr, Herr!«, obwohl sie ihn daran erinnern: Wir haben doch in deinem Namen so große Dinge getan! Das ist die gleiche Abweisung, die der reiche Jüngling erfuhr oder jene Frau aus dem Volk oder Jesu Mutter und Brüder. *Jesus selbst – das ist gerade in gar keiner Weise Jesus selbst*, Jesus in eigener Größe und eigener Herrlichkeit, ein Jesus neben Gott, ein Jesus, bei dem man sich an Gott und Gottes heiligem Willen vorbeidrücken könnte. Sobald wir Jesus so fassen und ansehen wollen, weist er uns zurecht. »Jesus selbst« – das ist »Jesus für Gott«.

8

Matth. 22,34–38 wird uns erzählt, wie Jesus einmal nach dem »vornehmsten Gebot im Gesetz« gefragt worden ist. »Und einer unter ihnen, ein Schriftgelehrter, versuchte ihn und fragte: Meister, welches ist das vornehmste Gebot im Gesetz? Jesus aber sprach zu ihm: Du sollt lieben Gott, deinen Herrn, von ganzem Herzen, von ganzer Seele und von ganzem Gemüte (5. Mo. 6,5). Dies ist das vornehmste und größte Gebot.« 613 Gebote zählten die Schriftgelehrten im Alten Testament. Welches ist das wichtigste unter ihnen? Hören wir Jesu Antwort. Haben wir sie wirklich so gehört, wie er sie ausgesprochen hat? Haben wir in ihr das innerste Herz Jesu gehört, sein ganzes eigentliches Wesen, wirklich »Jesus selbst«? »Du sollst lieben Gott deinen Herrn von ganzem Herzen, von ganzer Seele und von ganzem Gemüt« – *das* ist »Jesus selbst«. Jesus ist das leibhaftig erfüllte 1. Gebot. Man kann als Mensch in dieser Welt das 1. Gebot, das große Gebot, erfüllen, das siehst du mit eigenen Augen an Jesus. Und man kann es ganz unverkrampft tun, in heller, lebendiger Wirklichkeit. Nehmen wir uns Zeit, es an Jesus selbst zu sehen, damit es uns nicht nur ein Wort, eine Behauptung bleibt, sondern selbst geschautes Leben wird.

Aber hat dann nicht die liberale Theologie recht, die uns schon bei der Geschichte vom »reichen Jüngling« sagt: Da seht ihr es doch, daß Jesus nur ein einfacher Mensch sein wollte, ganz und gar nicht Sohn Gottes, ganz und gar nicht Gott gleich! »Was heißest du mich gut? Niemand ist gut als einzig Gott.« Die ganze Dogmatik, die man um Jesus gemacht hat, ist falsch. Wie gar nichts Eigenes und Besonderes will Jesus sein. Nur von Gott will er sprechen, nur das große Gebot der Gottes- und Menschenliebe uns einprägen. »Nur der Vater, nicht der Sohn gehört in das Evangelium, wie es Jesus verkündigt hat« (A. Harnack, Wesen des Christentums). Hat diese Theologie nicht recht?

Sie hat Recht gegen alle unsere Vorstellungen von der »Gottessohnschaft« Jesu, die unwillkürlich von unserer eigenen ichhaften Verdorbenheit angekränkelt und entstellt sind. So tief sitzt in uns die Selbstbehauptung, das Geltungsstreben, die Eigenmächtigkeit, daß wir uns einen »Sohn Gottes« immer wieder denken als den, der nun neben Gott seine eigene Größe und Macht und Ehre haben und behaupten will.

Nein, so war Jesus nicht »Gottes Sohn«! Vor solcher »Gottessohnschaft«, wie sie die Menschen zu sehen begehrten, schauderte er in tiefster Seele zurück. Jesus war kein »Halbgott«, kein »Übermensch« und wollte es nicht sein. Er war ganz Mensch und von ganzem Herzen, von ganzer Seele und von ganzem Gemüt der »Mensch für Gott«. Aber – ist dies »ein Mensch wie wir«? Wie schlecht müßten wir uns kennen, wenn wir nicht merken wollten: Gerade darin ist dieser Eine radikal, also bis in die Wurzel hinein, und total, also durch sein ganzes Wesen und Leben hin, anders als wir! Gerade wer in solcher Liebe zu Gott nichts mehr für sich selbst will und alles, alles nur für Gott, der ist eben darin »der Sohn«! In alledem, was man als Beweis gegen die Gottessohnschaft Jesu aus dem Evangelium entnommen hat, liegt genau der Erweis ihrer Wahrheit und Wirklichkeit. Die »Gottessohnschaft« Jesu müssen wir nicht als ein bloßes Dogma annehmen, weil nun einmal die christliche Kirche sie seit Jahrhunderten lehrt. Wir dürfen und müssen sie selber sehen. Dann schleppen wir nicht mehr alte Worte und Lehren weiter, sondern können es auch unserseits mit freimütiger Freude bezeugen: »Wir sahen seine Herrlichkeit, eine Herrlichkeit als des eingeborenen Sohnes vom Vater, voller Gnade und Wahrheit« (Joh. 1,14) und »Wir haben geglaubt und erkannt, daß du bist Christus, der Sohn des lebendigen Gottes« (Joh. 6,69).

Darum ist es wichtig, daß wir diese Gottessohnschaft Jesu noch einmal an entscheidenden Stellen seines Lebens ins Auge fassen. Nicht etwa in seinen Wundertaten! Sie könnten uns wieder auf die falsche Spur lenken. Von ihnen werden wir später in ganz anderem Zusammenhang zu reden haben. Nein, wir lesen die Geschichte vom zwölfjährigen Jesus in Lukas 2,41–50. »Und seine Eltern gingen alle Jahre nach Jerusalem auf das Osterfest. Und da er zwölf Jahre alt war, gingen sie hinauf nach Jerusalem nach dem Brauch des Festes. Und da die Tage vollendet waren und sie wieder nach Hause gingen, blieb das Kind Jesus zu Jerusalem, und seine Eltern wußten's nicht. Sie meinten aber, er wäre unter den Gefährten, und kamen eine Tagesreise weit und suchten ihn unter den Verwandten und Bekannten. Und da sie ihn nicht fanden, gingen sie wiederum nach Jerusalem und suchten ihn. Und es begab sich, nach drei Tagen fanden sie ihn im Tempel sitzen mitten unter den Lehrern, wie er ihnen zuhörte und sie fragte. Und alle, die ihm zuhörten, verwunderten sich seines Verstandes und seiner Antworten. Und da sie ihn sahen, entsetzten sie sich. Und seine Mutter sprach zu ihm: Mein Sohn, warum hast du uns das getan? Siehe, dein Vater und ich haben dich mit Schmerzen gesucht. Und er sprach zu ihnen: Was ist's, daß ihr mich gesucht habt? Wisset ihr nicht, daß ich sein muß in dem, was meines Vaters ist? Und sie verstanden das Wort nicht, das er zu ihnen redete.«

Wie unwillkürlich, wie »selbstverständlich« bricht die echte Gottessohnschaft hier gerade in dem Kinde hervor. »Wie konntet ihr mich suchen? Wußtet ihr nicht, daß ich sein muß in dem, was meines Vaters ist?« Ich »muß«. O ja, das sagen wir auch gern und viel in unserem frommen Leben. Als Christ »muß« ich täglich meine Bibel lesen, »muß« regelmäßig beten, »muß« am Sonntag zur Kirche gehen, »muß« für gute Zwecke etwas geben. Es liegt immer ein leises Seufzen und oft ein Stück Widerwille in diesem »ich muß«. Wie völlig anders, wie tief froh klingt es im Munde des zwölfjährigen Jesus. Nicht die

Wachtparade vor der kaiserlichen Burg hat es ihm angetan, nicht die bunten Läden und Geschäfte haben ihn gelockt, so unbefangen und aufmerksam er das auch alles gesehen haben wird. Aber der Tempel! Nicht der Tempel als solcher, in der Pracht seines Baues, sondern der Tempel als Stätte des Wortes und der Nähe Gottes. Hier muß ich sein, hier bin ich zu Hause, das ist die Lebensfreude, die mein ganzes Kinderherz erfüllt: »Wißt ihr nicht, daß ich sein muß in dem, was meines Vaters ist?«

Oder lesen wir mit erschlossenem Auge die Versuchungsgeschichte Matth. 4,1–11: »Da ward Jesus vom Geist in die Wüste geführt, auf daß er von dem Teufel versucht würde. Und da er vierzig Tage und vierzig Nächte gefastet hatte, hungerte ihn. Und der Versucher trat zu ihm und sprach: Bist du Gottes Sohn, so sprich, daß diese Steine Brot werden. Und er antwortete und sprach: Es steht geschrieben (5. Mo. 8,3): Der Mensch lebt nicht vom Brot allein, sondern von einem jeglichen Wort, das durch den Mund Gottes geht. Da führte ihn der Teufel mit sich in die heilige Stadt und stellte ihn auf die Zinne des Tempels und sprach zu ihm: Bist du Gottes Sohn, so wirf dich hinab; denn es steht geschrieben: Er wird seinen Engeln über dir Befehl tun, und sie werden dich auf den Händen tragen, auf daß du deinen Fuß nicht an einen Stein stoßest (Ps. 91,11.12). Da sprach Jesus zu ihm: Wiederum steht auch geschrieben (5. Mo. 6,16): Du sollst Gott, deinen Herrn, nicht versuchen. Wiederum führte ihn der Teufel mit sich auf einen sehr hohen Berg und zeigte ihm alle Reiche der Welt und ihre Herrlichkeit und sprach zu ihm: Das alles will ich dir geben, so du niederfällst und mich anbetest. Da sprach Jesus zu ihm: Hebe dich weg von mir, Satan! denn es steht geschrieben (5. Mo. 6,13): Du sollst anbeten Gott, deinen Herrn, und ihm allein dienen. Da verließ ihn der Teufel. Und siehe, da traten die Engel zu ihm und dienten ihm.« Der Hungernde, der doch von seiner ganzen Macht nicht das Geringste für sich selbst anwenden möchte, um sich auch nur ein Stück Brot zu verschaffen; der Mann, der auf der schwindelnden Zinne des Tempels das Wort und die Treue Gottes nicht mit einem Hauch des Mißtrauens auf die Probe stellen will; der König, der auch die ganze Welt mit all ihrer Herrlichkeit nicht haben will um den Preis einer einzigen Sekunde der Beugung vor dem Feind Gottes – das ist »der Sohn«.

So sieht Jesus darum sein ganzes Werk: »Meine Speise ist die, daß ich tue den Willen des, der mich gesandt hat, und vollende sein Werk« (Joh. 4,34). Meine »Speise«, nicht meine harte Pflicht! Das, was mich nährt und stärkt, nicht das, was mich belastet und ermüdet. Dabei ist es der willentliche Jubel Jesu: »Der Sohn kann nichts«, nämlich »nichts von sich selber tun, sondern was er sieht den Vater tun« (Joh. 5,19). Das ist wieder der vollständige Gegensatz gegen den »Halbgott«, der stolz ist auf seine eigene Fülle und Kraft und der viel selber kann und selber will.

Das bekommt seine letzte Erprobung und darum seine tiefste Sichtbarkeit im Leiden Jesu. Da steht der Machtlose, Gefesselte, Gefangene vor dem Hohen Rat. »Und der Hohepriester sprach zu ihm: Ich beschwöre dich bei dem lebendigen Gott, daß du uns sagest, ob du seist der Christus, der Sohn Gottes. Jesus sprach zu ihm: Du sagst es. Auch sage ich euch: von nun an wird's geschehen, daß ihr sehen werdet des Menschen Sohn sitzen zur Rechten der Kraft und kommen in den Wolken des Himmels. Da zerriß der Hohepriester seine Kleider und sprach: Er hat Gott gelästert! Was bedürfen wir weiter Zeugnis? Siehe, jetzt habt ihr seine Gotteslästerung gehört« (Matth. 26,63–65). Die Entrüstung, das Entsetzen der Hohenpriester ist nicht gespielt, sie sind echt. Alle Einwände der liberalen Theologie und die der nichtchristlichen Religionen und Weltanschauungen gegen die Gottessohnschaft Jesu waren hier schon vorweggenommen: Wie kann ein hilfloser, ohnmächtiger Mensch der »Sohn Gottes« sein wollen! Wahnsinn ist das, Gotteslästerung! Aber so steht Jesus da, weil er des Teufels Angebot ablehnte, weil er nichts für sich selbst wollte, weil er Gott über alle Dinge liebte, weil er Gottes Recht und Ehre unbeugsam vertrat. Darum ist er gerade in seinen Fesseln, angespieen, geschlagen, verhöhnt der Sohn Gottes.

Im Spott um das Kreuz schreit es höhnisch: »Andern hat er geholfen und kann sich selber nicht helfen« (Matth. 27,42). Die das dort rufen, ahnen nicht, wie recht sie haben, wie tief recht, und ahnen erst recht nicht, daß keine Huldigung die Gottessohnschaft Jesu so bestätigen könnte, wie dieses Wort der Schmähung. Jesus, der andern so geholfen, der Aussätzige rein und Gelähmte heil gemacht hatte, der sogar Tote ins Leben zurückrief, der kann sich selbst nicht helfen! Er könnte den Vater um mehr als zwölf Legionen Engel bitten. Er könnte vom Kreuz herabsteigen, daß die Spötter entsetzt zu Boden gesunken wären. Aber er konnte sich selber nicht helfen, weil es gerade in diesem Sterben und an diesem Kreuz leuchtend klar werden sollte: Nichts, nichts für Jesus selbst, alles nur für Gott! Das ist »Jesus selbst«, das ist der Sohn!

Wir müssen das neu sehen lernen. Wohl war es etwas Großes, als die Reformation das Elend des Menschen in seiner ganzen Tiefe aufdeckte und dann in dem Kreuz Jesu die einzige Hilfe für uns zeigte. Aber wie hat sich seitdem unsere Eigensucht dieser Botschaft bemächtigt. Das ist die Furchtbarkeit unseres Ich, daß es alles nur auf sich bezieht, alles nach dem Nutzen für sich selbst beurteilt, alles um dieses Ich sich drehen läßt. Jesus? Er muß für mich gekommen sein, er muß *mir* helfen, er muß für mich leiden und sterben. Jesus für uns – etwas anderes sehen wir überhaupt nicht. Aber so sehen wir gerade »Jesus selbst« nicht. Und wenn wir Jesus so nahen, weil wir ihn selbstverständlich für uns haben wollen, dann erfahren wir die gleiche Zurückweisung wie der reiche Jüngling. Jesus ist der Sohn! Der Sohn aber lebt für den Vater. Gottes Ehre, Gottes Recht, Gottes Wille, das füllt das Herz des Sohnes. Das müssen wir zuerst mit aller Deutlichkeit sehen und von Herzen bejahen. Und nur weil Jesus so für den Vater lebte und litt und starb, nur darum konnte er nach dem Willen des Vaters auch für uns leben und sterben und unser Versöhner mit Gott werden. Nur weil er dieser Jesus war, der nichts für sich selbst wollte, nur darum konnte er das »Ich bin« Gottes mit Reinheit und Wahrheit sprechen und die ganze Macht Gottes in seine Hand nehmen. Darum darf gerade nur Jesus, der den reichen Jüngling so ernst abgewiesen hatte, ihn ganz zu sich rufen und ihm bei sich selbst das ewige Leben anbieten. Wer diese eigentliche Gottessohnschaft Jesu nicht sieht und nicht anerkennt, beseitigt das Fundament, auf dem allein unsere Errettung und Versöhnung gegründet sein kann.

2. Jesus verkündigt das Reich und spricht nur darum von sich selbst

Der Gottessohnschaft, wie wir sie nun an Jesus selbst gesehen haben, entspricht Jesu Verkündigung. Jesus spricht nicht zuerst von sich selbst! Wie könnte er das als Sohn tun! Er spricht von Gott und seinem Reich. So lesen wir es in Markus 1,14–15: »Nachdem aber Johannes verhaftet war, kam Jesus nach Galiläa und verkündigte das Evangelium Gottes und sprach: Die Zeit ist erfüllt, die Königsherrschaft Gottes ist nahe gekommen. Bekehrt euch und glaubt an das Evangelium!«

Wir können hier nicht die ganze Geschichte des Reiches Gottes bis zu Jesus hin verfolgen. Aber im Gegensatz zu der weitverbreiteten Meinung, die Welt sei immer und überall selbstverständlich »Reich Gottes«, Gott regiere und gestalte alles ganz nach seinem Willen, müssen wir darauf achten, wie ernst die Bibel den Sündenfall nimmt. Wohl ist und bleibt die Welt noch »Schöpfung Gottes«, aber nimmermehr ist sie »Reich Gottes«. Die Bibel zeichnet darum die ganze Geschichte der Menschheit von Adam und Eva an als eine Geschichte der Katastrophen. Es geschieht in dieser Geschichte alles andere als Gottes ursprünglicher Wille. Auch nach dem Flutgericht ist die Menschheit in keiner Weise besser, und man muß sagen, daß bis zu 1. Mose 12 hin die ganze Erde und die Menschheit wirklich für Gott verloren war und es eine »Herrschaft Gottes« auf dieser Erde gar nicht gab.

Dann aber beginnt die Geschichte des Reiches Gottes mit einem einzelnen Menschen, mit Abraham. Gott hat wieder ein erstes Stück königlicher Herrschaft in dem einen Mann, der sich herausrufen läßt aus seinen gesamten irdischen Verhältnissen und der sich dazu bewegen läßt, sich unter Gott zu stellen und Gott das Regiment über sein Leben einzuräumen. Daraus wird eine ganze Gottesfamilie, immerzu bedroht genug, gebrochen genug, kümmerlich genug. Wir kennen wohl noch die Vätergeschichten bis ins Leben Josephs hinein. Und dann wird daraus Israel: die Erwählung und Berufung eines Volkes. Im Raum dieses einen Volkes möchte sich jetzt wieder königliche Herrschaft Gottes auf Erden vollziehen: »Ihr sollt mir ein priesterlich Königreich und ein heiliges Volk sein« (2. Mo. 19,6). Aber wieder ist es nötig, daß wir sehen: auch die Geschichte Israels ist eine Geschichte der Katastrophen bis hin zum bitteren Ende in der Zerstörung Jerusalems und in der Fortführung des Volkes nach Babylonien. Aber seltsam! Mitten in allen Enttäuschungen und Niederlagen bleibt in Israel die Erwartung des »Reiches«, der befreienden und seligen Herrschaft Gottes selbst. Und gerade die Propheten, die Künder der zerstörenden Zorngerichte Gottes über sein Volk, halten diese Erwartungen lebendig. Ja, sie dehnen sie weit über Israel aus: Gott will die ganze Erde wieder haben, bis an der

16

Welt Ende soll sein Königreich gehen. Und als Israel nach seiner Rettung und Rückkehr aus Babylonien ein kümmerliches Leben im gelobten Lande führen muß, unter persischer und griechischer und römischer Fremdherrschaft, hält es in seinen Liedern an der Gewißheit fest: »Der Herr ist König und herrlich geschmückt; der Herr ist geschmückt und hat ein Reich angefangen, so weit die Welt ist, und zugerichtet, daß es bleiben soll« (Psalm 93,1).

Hier setzt die Verkündigung des Täufers und die Verkündigung Jesu selbst ein: »Die Zeit ist erfüllt, und das Reich Gottes ist herbeigekommen.« Um dieses *Reich* geht es Jesus, dem Sohn. Wie haben wir das vergessen, obwohl es so eindeutig klar in den Evangelien zu sehen ist!

Allein schon die ersten Bitten des Vaterunsers müßten es uns täglich zeigen. Wie oft haben wir sie schon gebetet, so oft, daß wir sie hinsagen, ohne uns überhaupt noch bewußt zu sein, was wir in ihnen aussprechen. Wir meinen das Vaterunser zu kennen. Wir meinen, das Vaterunser sei ganz »einfach«. Auch wer sonst nicht beten kann, ein Vaterunser bringt er immer noch fertig. Das Vaterunser ist in Wahrheit das Gebet, das nur der Sohn uns geben konnte und das nur im Geist des Sohnes (Gal. 4,6) wirklich gebetet werden kann. Es ist das tiefe Gegenteil all unseres üblichen Betens. In ihm ergeht das Gericht über unser Beten.

Sofort in der ersten Bitte schlägt das Herz des Sohnes. Hier betet der Sohn, der »Mensch für Gott«, hier betet der Eine, der nur davon erfüllt ist: Vater, dein Name, deine Ehre, deine Herrlichkeit, dein Gekanntsein! Was liegt an mir? Gar nichts liegt an mir, ich mag in Schmach versinken, aber dafür brennt mein Herz, daß dein herrlicher Gottes- und Vatername, dieser vergessene, verkannte, verachtete Name wieder geheiligt werde!

Daran schließt sich die zweite Bitte um das Kommen des

Reiches, von dem Jesus verkündigen konnte: Jetzt bricht es herein, die Zeit ist erfüllt. Es lebt in dieser zweiten Bitte das ganze Verlangen des Sohnes: Vater, Deine königliche Herrschaft, Dein herrliches Recht, die Wiedergewinnung der verlorenen Schöpfung, der rebellischen Menschheit für Dich! Mag ich darüber leiden und sterben und zerbrechen müssen, wenn nur Dein Reich kommt.

Die dritte Bitte lehrt uns die beiden ersten recht verstehen. Man darf sie nicht mit dem Gethsemane-Gebet verwechseln und zu einer Bitte der Ergebung machen. Ihr Wortlaut zeigt, wie sie vielmehr in die Zukunft hinein greift und es erfleht, daß Gottes Wille nicht nur wie jetzt im Himmel unter den Engelscharen, sondern auch auf dieser Erde, dieser entgöttlichten, entstellten, blutbefleckten Erde geschehen möge. Gottes Name wird nicht dadurch geheiligt, daß er in Tempeln und Kirchen mit feierlichen liturgischen Worten genannt und besungen wird. Nur wenn Gottes guter gnädiger Wille von Herzen gern und gehorsam getan wird, dann ist Gott als der Herr und Vater wahrhaft anerkannt und geehrt. Und beim Kommen des Reiches geht es nicht zuerst um Wunderdinge, um Glanz und Glück und Gedeihen, sondern um die Herrschaft Gottes, um das ausnahmslose und völlige Geschehen seines Willens.

Im Beten kommt das innerste Wünschen und Verlangen unseres Herzens ans Licht. »Dein Name werde geheiligt. Dein Reich komme. Dein Wille geschehe wie im Himmel so auf Erden«, das ist das eigentliche Verlangen, das Jesus ganz durchglüht. Darüber vergißt er völlig sich selbst. Mehr noch: an die Erfüllung dieser Bitten gibt er sich selbst völlig daran. Das ist »Jesus selbst«, daß er selbst nichts ist und die große Sache Gottes alles.

Aber gerade darum hat Gott seine große Sache völlig an den einen lauteren und selbstvergessenen Mann gebunden. Weil Jesus »nichts kann«, nichts von sich selber tun kann, darum

»hat der Vater den Sohn lieb und zeigt ihm alles, was er tut, und wird ihm noch größere Werke zeigen, daß ihr euch verwundern werdet« (Joh. 5,19.20). Weil Jesus nichts anderes wollte als den Willen Gottes und das Kommen seines Reiches und die Heiligung seines Namens, darum darf Jesus von dem zerstörten Leib des Aussätzigen mit göttlicher Vollmacht das »Ich wills tun, sei gereinigt!« sagen (Matth. 8,2–3). Darum darf Jesus dem Gelähmten mit der Schöpfermacht Gottes zurufen: »Stehe auf, hebe dein Bett auf und gehe heim« (Matth. 9,6–7). Ja mehr: Darum darf Jesus das innerste majestätische Recht Gottes in seine Hand nehmen und zu dem Gelähmten sprechen: »Sei getrost, mein Sohn, deine Sünden sind dir vergeben« (Matth. 9,2). Die Gegner Jesu, die hier murren »Dieser lästert Gott«, haben Jesus tiefer verstanden als wir, die wir sein Vergebungswort für »selbstverständlich« halten. Die Gegner haben recht: Jesus tut hier, was nur Gott selbst tun kann. Wer eigenmächtig einem Schuldigen versichert »deine Sünden sind dir vergeben«, der lästert wirklich Gott. Aber Jesus, der Mensch für Gott, Jesus, der selbstvergessen erfüllt ist von dem einzigen Verlangen: »Gott, dein Name, dein Reich, dein Wille!«, der darf und soll Gottes eigenes »Ich bin, ich will, ich vergebe« in seinen Mund nehmen und in seinem Tun vollziehen.

Nun verstehen wir das Gleichnis vom verlorenen Sohn erst recht. Wieder hat die liberale Theologie eingewandt: Wo bleibt hier Jesus selbst? Wo bleibt sein Kreuz, seine Erlösungstat? Jesus will nichts weiter als Gottes vergebende Vaterliebe verkündigen. Er selbst bleibt ganz aus dem Spiel. Richtig und wahr! Kein Wort sagt Jesus hier von sich selbst. Den Vater bezeugt er: »Während er aber noch weit entfernt war, sah ihn sein Vater und, von Mitleid gepackt, lief er hin und fiel ihm um den Hals und küßte ihn« (Luk. 15,20). Aber wie tut Gott der Vater dies alles? Wie erleben und erfahren es schuldige Menschen als Wahrheit und Wirklichkeit? Allein an Jesus! Dieser »Vater«, der den Verhungerten und Zerlumpten in der Ferne sieht, den es jammert, der ihm entgegenläuft und ihm um seinen Hals fällt und ihn küßt – das ist Jesus selbst. Und in der Hinopferung der Sohnesliebe am Kreuz wird es versiegelt werden, daß Jesus mit diesem seinem Tun an den Sündern dem heiligen Recht Gottes nicht zu nahe tritt, sondern die ganze Schwere der Schuld gegen Gott sieht und anerkennt. (Vgl. den Abschnitt IX S. 109.) Wahrlich, gerade an Luk. 15,20 sehen wir es mit eigenen Augen, was das heißt: »Ich und der Vater sind eins« (Joh. 10,30). Das werden wir freilich erst dann wahrhaft erfahren, wenn wir in eigener Sündennot und nach dem wirklichen Vergeben dürsten!

Darum kann es dann auch ausdrücklich ausgesprochen werden, daß in Jesus das Reich Gottes selbst kommt und schon da ist. »Wenn ich aber durch Gottes Finger die bösen Geister austreibe, so ist ja das Reich Gottes zu euch gekommen« (Luk. 11,20). Und »siehe, das Reich Gottes ist mitten unter euch«, weil Jesus mitten unter euch steht (Luk. 17,21). Jesus, der Sohn, Jesus, der nicht mit dem Hauch eines Gedankens an sich selber denkt, der allein darf bezeugen: »Alle Dinge sind mir übergeben von meinem Vater. Und niemand kennet den Vater, denn nur der Sohn und wem es der Sohn will offenbaren« (Matth. 11,27).

Keiner hat das besser verstanden als der Jünger Jesu, Paulus. Vielleicht gerade darum, weil er auch in diesem Miteinander von »Demut« und »Herrlichkeit« zunächst mit Empörung und mit typisch menschlich verdorbenem Denken eine Unmöglichkeit, eine Gotteslästerung sah. Dann aber, als die Begegnung mit Jesus vor Damaskus ihm zeigte: Jesus ist wirklich der »Herr«, der Sohn Gottes, kam das umwälzende Begreifen: Weil Jesus es nicht für einen Raub hielt, Gott gleich zu sein, weil er sich entäußerte und Sklavengestalt annahm, weil er

»gehorsam ward bis zum Tode, ja zum Tode am Kreuz, darum hat ihn Gott übererhöht und ihm den Namen über alle Namen gegeben, daß in dem Namen Jesu sich beugen sollen alle Knie und alle Zungen bekennen, daß Jesus Christus der Herr sei zur Ehre Gottes des Vaters« (Phil. 2,5–11). Weil Paulus dies verstand, sah er auch wie kein anderer das letzte Ende der ungeheuren Gottesgeschichte mit der Menschheit. Alle Knie beugen sich vor Jesus, alle Zungen bekennen Jesus als Herrn. Aber – gerade dann genießt Jesus nicht den Triumph seiner eigenen Größe, gerade dann ist er noch einmal endgültig »der Sohn«, der nichts für sich selbst will, sondern von der Liebe zum Vater brennt: »Wenn aber alles ihm untertan sein wird, alsdann wird auch der Sohn selbst untertan sein dem, der ihm alles untergetan hat, auf daß Gott sei alles in allen« (1. Kor. 15,28).

3. Die Begegnung mit Jesus ist das Gericht über unsere Frömmigkeit

Es ist einer der auffallendsten und uns allen bekanntesten Züge in der Geschichte Jesu, daß Jesus gerade nicht mit der »Welt«, mit den »Zöllnern und Sündern« zusammengestoßen und in den tödlichen Konflikt gekommen ist, sondern mit den Frommen seiner Zeit! Wir haben aus seinem Munde kein Wort des »Wehe!« über die »Sünder«, wohl aber erklingt es besonders in Matth. 23 wieder und wieder: »Wehe euch, Schriftgelehrte und Pharisäer!«

Mit nicht zu überbietender Schärfe ruft er ihnen zu: »Ihr Schlangen, ihr Otterngezüchte! Wie wollt ihr der höllischen Verdammnis entrinnen?« (Matth. 23,33). Und er sagt das herausfordernde Wort: »Wahrlich, ich sage euch: die Zöllner und Huren mögen wohl eher ins Himmelreich kommen als ihr« (Matth. 21,31). Und umgekehrt: nicht Sünder und Weltmenschen haben das Kreuz Jesu spottend umstanden! Der

Hohn über den gekreuzigten Jesus kam aus dem Munde der Frommen!

Wie ist das zu verstehen? Wir haben uns an solche Worte Jesu zu sehr gewöhnt – es wäre besser, sie empörten uns erst einmal. Wir machen uns ihr Verständnis zu leicht, indem wir von beiden Teilen Zerrbilder malen: Die »Pharisäer und Schriftgelehrten« sind uns grobe »Heuchler« und üble hochmütige Gesellen – kein Wunder, daß Jesus sie so verurteilt. Und die »Zöllner und Sünder« sind (wie wir auch!) im Grunde ehrliche, suchende Menschen, die nur durch allerlei Umstände etwas vom Wege abgekommen sind. Kein Wunder, daß sie eher ins Himmelreich kommen als die widerwärtigen Frommen. Kein Wunder, daß der liebevolle Heiland sie schnell zurecht bringt. Das groteske Mißverständnis des Wortes Jesu zu jener zweifelhaften Frau: »Ihr sind viele Sünden vergeben, denn sie hat viel geliebt« (Luk. 7,47) gehört in diesen Zusammenhang. Der »revidierte Text« verbessert hier mit Recht: »Ihr sind viele Sünden vergeben, darum hat sie mir viel Liebe erzeigt.«

Aber die »Pharisäer und Schriftgelehrten« waren nicht einfach in unserem Sinn »Heuchler«, sie waren ernsthaft »fromm«. Sie setzten einen eisernen Willen an ihre Frömmigkeit und ließen es sich viel kosten. Viele von ihnen haben grausamste Folterungen erduldet und qualvolles Sterben auf sich genommen, um den Regeln ihrer Frömmigkeit treu zu bleiben. Warum dann aber dieser Konflikt mit Jesus, dieser Haß gegen Jesus und Jesu Weheruf über sie?

Auch dies verstehen wir nur von dem tiefen Ernst aus, mit dem Jesus, der Sohn, Gott als den Vater liebte und ehrte. Im 6. Kapitel des Matth.-Evangeliums ist von der »*Frömmigkeit*« die Rede, vom »Geben«, vom »Beten«, vom »Fasten« und vom »Trachten«. Es geht also um unser Leben mit Gott. Da wird Jesus wachsam. Die »Zöllner und Sünder«, Geldmenschen wie

Zachäus oder Levi, Sinnesmenschen wie die Frau aus Samaria oder die große Sünderin, sind fern von Gott. Aber das wissen sie auch und erheben gar nicht den Anspruch, fromm zu sein und mit Gott zu leben. Aber die Frommen! Sie wagen das Verhältnis zu Gott. Wissen sie, was sie tun? Wissen sie, wie man leben muß, wenn man schon mit ihm zu tun haben will? Jesus weiß es. Hier gilt nur die vollständige Hingabe, die ungeteilte Liebe, die ganze Selbstlosigkeit. Jede Halbheit ist hier unmöglich, jedes Schielen auf sich selbst ein Antasten Gottes. Gerade das aber geschieht bei den Frommen. Dieses »Schielen« ist es, was Jesus »Heuchelei« nennt. Die Frommen geben. Sie geben vielleicht viel. Sie »legen viel in den Gotteskasten« (Matth. 12,41). Sie »geben den Zehnten von allem, was sie haben« (Luk. 18,12). Aber ihre linke Hand weiß allzugut, was die rechte tut. Und sie blicken nach den Menschen und nach ihrer Anerkennung. Sie stehen nicht ganz und allein vor dem Vater, der ins Verborgene sieht (Matth. 6,4.6.18). Die Frommen beten. Sie nehmen sich Zeit dafür. Aber nun geschieht das Furchtbare: Im Beten ist ihr Herz nicht ungeteilt und ganz bei Gott. Sie haben ein geheimes Wohlgefallen an ihren eigenen vielen und schönen Gebetsworten und denken von Gott weg an die andern, die ihr Beten hören. Ahnen wir, wie grauenhaft das für Jesus war (Matth. 6,5–8)? Die Frommen fasten. So ernst ist es ihnen mit dem Gebet und mit dem Sehen von Not und Sünde um sie her. Aber auch hier zeigt sich das gleiche Verderben. Mitten im Leid um Sünde und Not, mitten in der Beugung darüber vor Gott lebt das Ich, das mit diesem seinem Ernst gesehen und anerkannt sein will und »vor den Leuten scheinen mit seinem Fasten«. Wieder droht die innere Heuchelei (Matth. 6,16–18).

Am unentrinnbarsten wird der Zwiespalt beim Leben der Frommen in der Welt und bei ihrem »Trachten«, bei der inneren Richtung ihres ganzen Lebenseinsatzes. Die Frommen

»glauben an Gott«. Noch einmal: aus den Kreisen der Frommen hat mancher den Ernst dieses Glaubens mit seinem Blut besiegelt. Und doch, trotz dieser einzelnen großen Heldentaten im Martyrium – sie meinen im täglichen Leben zugleich auch dem »Mammon« dienen zu können, ja dienen zu müssen, Schätze zu sammeln, zu sorgen und mit sorgenden und verlangenden Gedanken das zu umkreisen, was ihnen Essen und Trinken und Kleidung sichert. Gott »über alle Dinge fürchten, lieben und vertrauen«, von Gott alles erwarten und ihm alles zutrauen und so Gott wirklich als Gott und als Vater ehren, das können sie nicht (Matth. 6,19–33). Das alles ist in Jesu reinem und durchdringendem Blick »Heuchelei«. Zuerst feine, kaum spürbare Heuchelei. Aber diese innere Art hat die unheimliche Neigung zu wachsen und zu wuchern. Wie rasch bildet dann das »Frommsein« und das »Glauben« nur noch ein Gehäuse, und das Herz ist in Wirklichkeit erfüllt mit dem eigenen Ansehen, mit irdischem Besitz, mit äußerlichem Genuß, bis zuletzt in furchtbarer Weise die Frömmigkeit selbst dazu dienen muß, das ichhafte Wohlleben zu fördern. Von Matth. 6 führt eine abschüssige Bahn zu Matth. 23.

Wollen wir jetzt mit Entrüstung und Verachtung auf diese »Heuchler« sehen? Denken wir jetzt innerlich: »Ich danke dir, Gott, daß ich nicht bin wie diese Pharisäer und Schriftgelehrten, wie diese Heuchler und Mucker« (Luk. 18,11)? Dann hätten wir schon bewiesen, wie nahe wir ihnen stehen!

Wenn wir in diesem Kapitel wirklich eine Begegnung mit Jesus gehabt haben, und wenn wir nun am Schluß dieser Begegnung standhalten, dann vergeht uns alles Richten der andern. Vor Jesu Angesicht merken wir den Balken im eigenen Auge! (Matth. 7,3) Im Licht des Sohneslebens Jesu ahnen wir unsere ungeheuerliche und tiefe Sünde. Das ist es ja noch gar nicht, daß wir eine einzelne Lüge, ein einzelnes böses Wort, eine unkeusche Tat zu beklagen haben! Sondern unsere eigentliche Sünde ermessen wir ganz konkret an Jesus, »dem Menschen für Gott«: Wie haben wir Gott behandelt!

Haben wir auch nur ein einziges Mal die Sohnesbitten Jesu wahrhaftig und von ganzem Herzen gebetet? Ging es uns je einzig um Gottes Namen und Ehre und nicht dabei und davor um unser eigenes Ansehen? Waren wir je der großen Sache Gottes so hingegeben, daß es uns einerlei war, was aus uns und unserem Leben wurde? Oder war es uns nicht vor allem darum zu tun, daß Gott uns unser Glück und Behagen reichlich gab und vor allen Gefährdungen bewahrte? Lag uns beim Denken an Gottes Reich an unserem Glück, an unseren Wünschen und Idealen, oder war es wirklich unser brennendes Verlangen, daß endlich Gottes Wille auf dieser Erde geschehe? War die Erfüllung des großen Gebotes: Gott lieben von ganzem Herzen und ganzem Gemüt! wenigstens unsere redliche Sehnsucht? War es wenigstens unser Wille, »Menschen für Gott« zu sein? Was ist unsere ganze »Religion«, unsere ganze Frömmigkeit wert? Stehen wir vor Jesus nicht als völlig entstellte, verkrüppelte und verdorbene Wesen? Ist unser Verhältnis zu Gott, unser Nennen seines Namens nicht eine fortwährende Beleidigung Gottes? Sind aufrichtige Atheisten nicht besser vor Gott daran als wir? Gott bekennen und ihn dann nicht so absolut ernst nehmen, wie Jesus es tat, ist das nicht das Allerschlimmste, für das es keine Entschuldigung gibt?

Vielleicht sind wir dem Ernst dieser Fragen bisher ausgewichen, weil wir meinten, es gäbe vor ihrem drohenden Gericht eine Zuflucht für uns – bei Jesus. Der liebe Heiland gibt uns Rückendeckung gegen Gott. Jesus erfüllt an unserer Stelle die Ansprüche Gottes, wir brauchen uns um sie nicht mehr ernstlich zu kümmern. So wird die Gnadenbotschaft oft genug verstanden. »Guter Meister«, du bist freundlich und gnädig, du verlangst nicht zu viel, du zeigst einen leichten Weg zum Leben.

Jetzt nach der Begegnung mit Jesus selbst können wir solche »Hoffnungen« nicht mehr haben. Niemals wird der Sohn so den Vater verleugnen und hintergehen! Dabei ist es aber nicht nur so, daß das große Gebot der Liebe zu Gott unauflöslich als Gebot in Geltung bleibt, sondern für Jesus ist gerade erst diese Liebe zu Gott das eigentliche und ewige Leben. Worin soll ewiges Leben anders bestehen als in der Heiligung des Namens Gottes, in der Herrschaft Gottes über uns, im vollen Tun des Willens Gottes? Was kann der »Himmel« anders sein als der Ort, wo man in ganzer Liebe für Gott lebt und Gott dient? Darum ist die Sünde zugleich in sich selbst schon Verderben und Tod. Wie könnte Jesu Liebe uns darin lassen wollen? Wenn es eine Erlösung für uns gibt, dann kann sie niemals darin bestehen, daß wir zusammen mit unserer Gottlosigkeit und verdorbenen Frömmigkeit doch »in den Himmel kommen«. Für das Auge und das Herz Jesu wäre dieser »Himmel« vielmehr Todesreich und »Hölle«. Die Erlösung muß eine wirkliche Befreiung sein, die die Macht der Ichhaftigkeit bricht und in uns wenigstens den Anfang jenes Lebens für Gott schafft, das die Sohnesbitten des Vaterunsers zu unserem eigenen herzlichen Verlangen macht.

Wir können hier vorblickend so viel sagen, daß bei dieser wirklichen »Erlösung« Jesus selbst für uns die Stelle Gottes einnimmt. Wenn Paulus in Phil. 3 seine Bekehrung schildert, dann beschreibt er uns darin zugleich die Erlösung und Umwandlung seines ganzes Lebens. »Aber was mir Gewinn war, das habe ich um Christi willen für Schaden geachtet. Ja, ich achte es noch alles für Schaden gegen die überschwengliche Größe der Erkenntnis Christi Jesu, meines Herrn« (Phil. 3,7.8). Hier steht Paulus zu Jesus, wie Jesus zu Gott stand. Er ist »der Mensch für Jesus«. Darum konnte er im selben Brief auch schreiben: »Denn ich weiß, daß ich in keinem Stück zuschanden werde, sondern frei und offen, wie immer, so auch jetzt Christus verherrlicht an meinem Leibe, es sei durch Leben oder durch Tod« (Phil. 1,19–20). Hier spricht ein erlöster Mensch seines Herzens befreites und auf Jesus gerichtetes »Trachten« aus. Darin besteht für Paulus die Erlösung, daß wir los von der »Sklaverei der Sünde« »Sklaven Gottes«, also »Menschen für Gott« geworden sind (Röm. 6,22). Gerade »durch die Barmherzigkeit Gottes« mahnt Paulus dazu, »unsere Leiber als lebendiges Opfer für Gott hinzugeben« (Röm. 12,1). Es ist Gottes Barmherzigkeit, daß wir nun auch das tun können, was der Sohn tut. Das wirkt Jesus selbst in uns; darum ist er unser Erlöser, nicht erst einst in der Vollendung, sondern schon jetzt und hier in unserem irdischen Leben. Wie er es ist, hat wiederum Paulus uns in seinem Wort an die Galater gezeigt: »Ich lebe aber; doch nun nicht ich, sondern Christus lebt in mir« (Gal. 2,20). Wenn Jesus selbst mit seinem Sohnesgeist und seiner Sohnesliebe zum Vater in uns einzieht, dann beginnen auch wir durch Jesus für Gott zu leben.

Wie komme ich aber zu dieser neuen Erlösung? Nur durch das Gericht der Begegnung mit Jesus. Hier mußt du standhalten. Hier mußt du dir die ganze Tiefe deiner Verkehrtheit und deines Elends aufdecken lassen. Aus einem »Frommen« mußt du ein »Sünder« werden. Einen Sünder hat Jesus nie zurückgewiesen. Zeige Jesus dein Leben, wie es ist in seiner Ichhaftigkeit, in seiner Unmöglichkeit, Gott wirklich zu lieben, in der Heuchelei seiner Frömmigkeit, und dann übergib Jesus dieses dein Leben. Er will es merkwürdigerweise haben.

II. JESUS – DAS IST DER ANWALT
DEINES NÄCHSTEN

1. Jesus setzt Gottesliebe und Nächstenliebe gleich
In der Begegnung mit Jesus selbst bis auf den Grund gerichtet
und dann wirklich erlöst zu einem neuen Verhältnis zu Gott in
Jesus – ist das nicht alles, was wir brauchen? Können wir nun
nicht tief beglückt unseres Weges gehen und als solche Menschen im stillen Umgang mit Jesus für Gott da sein? Wie gern
möchten wir es! Allein auf weiter Flur mit dem geliebten Heiland, wie leicht ließe es sich da leben, wie schön wäre das. Aber
nun kommt die große Störung, und das ist – unser Nächster.
Wir sind nicht allein auf der Welt. Der Nächste ist da. Und
dieser Nächste ist wirklich die Störung und Anfechtung für
uns. Selbst wenn ich im allerengsten Kreise bliebe unter den
Geschwistern der Gemeinschaft: da sitzt der Bruder neben mir,
der mich in der Gebetsgemeinschaft reizt, da er sein Gebet
immer mit den gleichen Worten anfängt; ich kann es gar nicht
mehr hören. Oder wenn ich tief bewegt das zweite Kapitel dieses Buches gelesen und mich mit Jesus ausgesprochen habe, das
Herz ist mir so voll von Frieden und Freude – dann steht dieser
»Nächste« unten an der Haustür und sagt mir ein unschönes
und verletzendes Wort. Vielleicht klopft es schon beim Lesen
oder Beten an meine Tür, und mein »Nächster« tritt herein mit
ganz unberechtigten oder zum wenigsten für mich recht mü-
hevollen Bitten und Ansprüchen. Welche ärgerliche Störung!
Und auch das sind unzweifelhaft »Nächste« von mir: die
Schwiegertochter, die mich möglichst ausschalten möchte und
immer aufs Neue kränkt, der Schwiegersohn, der von Gott
nichts wissen will und mit spöttischen Bemerkungen mich
stört, die erwachsenen Kinder, die als rückständig belächeln,
was meines Lebens eigentlicher Inhalt ist. Und wenn ich noch
voll im Leben und in der Welt stehe, habe ich mit entschlosse-

nen Gegnern des Christentums zu tun, die das bekämpfen, woran mir so brennend liegt; auch sie auf der Arbeitsstelle sind unzweifelhaft meine »Nächsten«. Also vom »Bruder« bis zum »Feind« der Nächste als die große Störung!

Was sagt Jesus dazu? Wir sahen miteinander, wie für Jesus Gott ein und alles ist, wie er aufgeht im Leben für Gott, in der Liebe zum Vater. Muß er mir nicht den Rat geben: Laß dich möglichst wenig stören! Weise die Störenfriede, so weit du nur irgend kannst, von deiner Tür! Ziehe dich möglichst zurück. Suche die Einsamkeit und die Erbauung im stillen Umgang mit Gott! Ist das nicht die Weisung Jesu? Wir blicken wieder auf Jesus selbst. O ja, er hat diesen Rückzug in die Stille gekannt und für notwendig gehalten. »Und des Morgens vor Tage stand er auf und ging hinaus. Und er ging in eine einsame Stätte und betete daselbst« (Mark. 1,35). »Und da er das Volk von sich gelassen hatte, stieg er auf einen Berg allein, daß er betete. Und am Abend war er allein daselbst« (Matth. 14,23). »Es begab sich aber zu der Zeit, daß er auf einen Berg ging zu beten; und er blieb über Nacht im Gebet zu Gott« (Luk. 6,12). Mit einem Christenleben steht es schlecht, das solchen Rückzug und solche Stille nicht mehr kennt. Aber wie bezeichnend ist in Jesu Leben der Bericht von der Verklärung auf dem Berg! Petrus spricht hier genau das aus, was auch wir in Stunden innerer Erhebung, in Tagen gesegneter Konferenzen empfinden und wünschen. »Hier ist für uns gut sein! Willst du, so wollen wir hier drei Hütten machen« (Matth. 17,4). Jesus aber geht mit seinen Jüngern von dem schönen Berg mitten hinein in die Not der Menschen. Auch für ihn ist der »Nächste« eine schwer zu tragende Sache. »O du ungläubiges und verkehrtes Geschlecht, wie lange soll ich bei euch sein? Wie lange soll ich euch dulden?« (Matth. 17,17). Wir sollten uns viel mehr klar machen, was das für Jesus selbst geheißen hat, ständig von kranken, verfinsterten, gequälten, schuldbeladenen und feindseligen

Menschen umringt zu sein. Wir haben uns auch hier wieder allzusehr von klein auf an dieses Bild Jesu gewöhnt. Wenn wir es neu sehen, dann wird es uns auch deutlich, welche Entscheidung für sein Leben Jesus vollzogen hat. Jesus, der »Mensch für Gott«, ist zugleich ebenso der »Mensch für die Menschen«. Jesus hat kein Kloster gegründet. Jesus hat sich nicht mit einer kleinen Schar in die Einsamkeit geflüchtet, um betend und betrachtend diese Schar zu einer erlesenen Gruppe tief geförderter Heiliger zu machen. Immer stand er im Getriebe der Menschen, immer ließ er sich in Anspruch nehmen. (Bedenken wir es wohl, wie entscheidend das für uns ganz persönlich ist: Jesus, der Sohn Gottes, läßt sich von mir und meiner Not und Schuld in Anspruch nehmen!) Selbst sein Sterbebett ist nicht in erhabener oder friedevoller Einsamkeit: Jesus stirbt zwischen zwei Verbrechern, zwischen zwei »Nächsten«, die ihn noch im Sterben mit ihrer Enttäuschung oder ihrem Flehen behelligen. Er ist in seinem Sterben umringt von viel Volks.

So ist es kein Wunder, daß sein letzter Befehl an die Seinen nicht lautet: »Sondert euch ab! Zieht euch zurück!« sondern: »Geht hinaus! Geht hinaus in alle Welt, sagt die Botschaft aller Kreatur!« (Mark. 16,15). Wir können nicht erwarten, daß uns Jesus von unserem Nächsten weg in die fromme Stille ruft.

Aber Jesus tut auch etwas anderes nicht, was wir in den Schwierigkeiten mit unserem Nächsten von jedermann verlangen und darum auch von dem liebreichen Heiland erhoffen. Wir verlangen von jedem, daß er uns beisteht gegen den schwierigen, verkehrten, bösen Nächsten. Muß sich nicht erst recht Jesus schützend vor seine Jünger, vor sein armes, geplagtes Kind stellen? Muß er uns nicht bemitleiden und trösten, die ungerechten Ansprüche unseres Nächsten zurückweisen und uns Recht geben? Wir werden im Gegenteil sehen, wie Jesus für unsern Nächsten eintritt und der Anwalt unseres Nächsten wird!

Warum ist Jesus selbst als der »Sohn« zugleich der »Mensch für den Menschen«? Warum verlangt er das auch von uns und behandelt uns nie als die einsamen Frommen, sondern sieht uns gerade immer mit unserem Nächsten zusammen?

Wir hatten oben schon die Frage vor uns, die an Jesus nach dem »vornehmsten Gebot im Gesetz« gestellt wurde, und lasen den ersten Teil seiner Antwort. Aber Jesu Antwort war damit noch nicht zu Ende. Nachdem er von dem Gebot der Liebe zu Gott von ganzem Herzen, von ganzer Seele und von ganzem Gemüt gesprochen hat, fährt er fort: »Das andere aber ist dem gleich: Du sollst deinen Nächsten lieben wie dich selbst. In diesen zwei Geboten hängt das ganze Gesetz und die Propheten« (Matth. 22,39.40). Wie erstaunlich ist das! Gerade Jesus, der Sohn, sagt nicht: »Das ist das größte und vornehmste Gebot: Gott lieben! Das ist alles. Wenn du das tust, tust du das einzig Wichtige.« Jesus sagt aber auch nicht: »Gott mußt du über alles lieben, das ist die große Hauptsache; aber natürlich, daneben ist dann ein wenig Liebe für deine Mitmenschen auch noch erforderlich.« Nein, Jesus sagt: »Das Gebot der Nächstenliebe ist *gleich* dem Gebot der Gottesliebe.« Gleichwertig, so können wir es zunächst verstehen, gleichrangig; es sind zwei selbständige Gebote, die aber auf der Waage des göttlichen Urteils gewogen gleiches Gewicht haben. Auch so schon stehen wir verwundert und erschrocken. Wir hören und denken es doch sonst immer ganz anders und meinen es doch gerade auch an Jesus selbst anders gesehen zu haben: Gott allein! Gott über alles! Und nun heißt es auf einmal aus Jesu eigenem Munde: Der Nächste und meine Liebe zu ihm stehen gleichwertig und gleichgewichtig neben Gott und der Liebe zu Gott? Das ist revolutionär.

Wir müssen es aber noch tiefer und grundsätzlicher fassen:

»Das andere ist dem gleich«, kann auch heißen: beides liegt völlig ineinander, das eine ist in das andere mit eingeschlossen, es ist im Grunde die gleiche Sache. Das Gebot der Gottesliebe kannst du gar nicht anders erfüllen als so, daß du den Nächsten liebst. In deiner Stellung zum Nächsten kommt deine Stellung zu Gott zur Entscheidung. Ist dein Verhältnis zu deinem Nächsten nicht in Ordnung, dann stimmt auch dein Verhältnis zu Gott nicht. Im Nächsten gerade begegnet dir Gott. Darum gewiß auch umgekehrt: Wirst du erlöst zum Leben für Gott, dann wird auch dein Verhältnis zum Nächsten neu. So hat es der Apostel Johannes von seinem Meister gelernt und verstanden, 1. Joh. 4,20: »So jemand spricht: Ich liebe Gott, und haßt seinen Bruder, der ist ein Lügner. Denn wer seinen Bruder nicht liebt, den er sieht, wie kann er Gott lieben, den er nicht sieht?« Zunächst scheint es uns freilich mit der Logik des Johannes nicht zu stimmen. Gott zu lieben scheint uns so viel einfacher zu sein! Warum scheint uns das so? Gerade weil Gott »unsichtbar« ist, weil er uns nicht konkret und wirklich begegnet, weil wir ihn uns ausmalen können – weil wir hier ein Phantom lieben. Aber eben darin liegt die »Lüge«, die bequeme Selbsttäuschung. Wir »lieben« hier überhaupt nicht, sondern träumen höchstens von Liebe. Darum ist es auch viel leichter, mit Schiller zu schwärmen: »Seid umschlungen Millionen; diesen Kuß der ganzen Welt«, als dem unsympathischen Nächsten einen Kuß zu geben. Wirkliche Liebe ist nicht süße Stimmung ins Blaue hinein (wieviel angebliche »Gottesliebe« ist nicht mehr als dies!), sondern hat es mit dem wirklichen Gegenüber eines Du zu tun. Darum ist es in der Tat viel »leichter«, den sichtbaren Bruder zu lieben, als den unsichtbaren Gott – wenn wir überhaupt wirklich lieben können.

Da stehen wir vor der Tatsache: Jesus selbst ist der Anwalt meines Nächsten. Wir alle können dem Nächsten nicht aus dem Wege gehen und können nicht sagen: Ja, ich liebe meinen herrlichen Heiland, aber mit diesem Nächsten habe ich gar nichts im Sinn, mit dem beschäftige ich mich möglichst wenig, und allen diesen Schwierigkeiten mit ihm weiche ich aus. Nein, das geht unter gar keinen Umständen! Zu eindeutig für uns, herausfordernd eindeutig, schrecklich eindeutig hat Jesus selbst die Liebe zum Menschen mit der Liebe zu Gott verflochten und sich mit unserem Mitmenschen identifiziert.

2. Wer ist denn aber mein Nächster?

Diese Frage stellen nicht erst wir. Sie ist schon damals an Jesus selbst gerichtet worden. Freilich, es ist etwas unbehaglich, daß der Evangelist Lukas von dem ersten Frager sagt: »Er aber wollte sich selbst rechtfertigen und sprach zu Jesus: Wer ist denn mein Nächster?« (Luk. 10,29). Unsere Frage ist also gar keine echte Frage, sondern eine Form des Ausweichens und der Selbstsicherung. So ist es mit vielen unserer »religiösen« Fragen! Wir wollen gar nicht wirklich wissen, wer unser Nächster ist, weil unser Herz danach brennt, ihn zu finden und ihn zu lieben, sondern wir wollen unsere Lieblosigkeit schützen, ohne uns durch grundsätzliche Ablehnung der Nächstenliebe eine Blöße zu geben. Natürlich müssen wir unsern Nächsten lieben, aber – wer ist unser Nächster? Wie »problematisch«, wie schwierig ist das.

Jesus antwortet mit der bekannten Erzählung – nicht »Gleichnis« – vom barmherzigen Samariter. Damit sagt uns Jesus zuerst einmal: Dein Nächster ist eine Tatsache. Es gehört zum Wesen des »Nächsten«, daß er einfach »da« ist, daß man ihn als diese Tatsache nehmen muß. Du kannst dir den Nächsten nicht aussuchen. Du kannst ihn dir auch nicht ausmalen. Du kannst nicht sagen: Wenn du so und so bist, wenn du mir sympathisch bist, dann will ich dich als Nächsten anerkennen und lieben. Nein, der Nächste ist als diese handgreifliche Tatsache da, so wie dieser zerschlagene Mann am Wege dieser drei Reisenden.

Höchst fatal, höchst störend! Alle die drei Reisenden wollen ja vorwärts, sie haben ihr Reiseziel und wollen recht schnell aus dieser unangenehmen, von Räubern heimgesuchten Wüstenregion hinunter nach Jericho. Aber da liegt der unglückliche Mensch an ihrem Wege. Vor ihre Füße gelegt, ist er auf einmal der Nächste, und nun müssen sie dazu Stellung nehmen. Sie können gar nicht anders, sie *nehmen* zu diesem Nächsten Stellung. Entweder indem sie sagen: Keine Zeit! und vorbeigehen, oder indem sie sich mit diesem Nächsten beschäftigen. Also das ist der Nächste, diese unabänderliche und zunächst einmal »störende« Tatsache in unserem Leben.

Deine Eltern, deine Brüder und Schwestern, deine übrigen Verwandten kannst du dir nicht aussuchen, sie sind da. Die Menschen, mit denen du im Haus lebst, mit denen du zusammen arbeitest, kannst du dir nicht aussuchen, sie sind da. Und plötzlich wird dir unterwegs solch ein Nächster in den Weg gestellt, den du dir erst recht nicht aussuchen kannst.

Weil dein Nächster eine solche Tatsache ist, »mußt« du nicht nur Stellung zu ihm nehmen, sondern du nimmst unweigerlich Stellung, so oder so. Das bringt Jesus zum Ausdruck, indem er die an ihn gerichtete Frage des Schriftgelehrten in seiner Antwort umkehrt: »Welcher dünkt dich, der unter diesen dreien der Nächste sei gewesen dem, der unter die Mörder gefallen war?« (Luk. 10,36). Wer dein Nächster ist, kannst du nicht fragen, denn er ist eine unausweichliche Tatsache in deinem Leben. Aber das ist allerdings die Frage, wie du dich zu ihm stellst, ob du bereit bist, ihm ein »Nächster« zu sein und ihn also zu lieben.

Und nun lesen wir Matth. 5 von Vers 21 an so, wie wir im 1. Kapitel die Begegnung mit Jesus in Matth. 6 im Blick auf unser Verhältnis zu Gott zu durchleben hatten. »Ihr habt gehört, daß zu den Alten gesagt ist: Du sollst nicht töten; wer aber tötet, der soll des Gerichts schuldig sein. Ich aber sage euch: Wer mit seinem Bruder zürnt, der ist des Gerichts schuldig; wer aber zu seinem Bruder sagt: Du Nichtsnutz! der ist des Hohen Rats schuldig; wer aber sagt: Du gottloser Narr! der ist des höllischen Feuers schuldig« (Matth. 5,21–22). Jesus zeigt uns hier in seiner sachlichen Weise unsere »natürliche« Stellung zu unserem Nächsten. Wir »zürnen« mit ihm. Wir sagen zu ihm: »Du Nichtsnutz« oder irgendein anderes ärgerliches und ungeduldiges Wort. Wir fahren ihn noch heftiger an: »Du gottloser Narr.« Dieses »du Narr« entspricht nicht nur unserem, »du bist verrückt«, sondern ist zugleich ein moralisches und religiöses Urteil. In Israel hatte man sich daran gewöhnt, gerade schwere Sünden eine »Torheit« zu nennen. So sagt in Richter 19,23 der Mann in Gibea zu den üblen Gesellen, die sein Haus umringen und ein böses Verbrechen begehen wollen: »Tut nicht eine solche Torheit.« So meint es auch der 14. Psalm: »Die Toren sprechen in ihrem Herzen: es ist kein Gott.« »Du Narr« hat also dieses empörte »du gottloser Kerl« in sich.

Warum tun wir dies alles? Sehr einfach: weil der andere uns reizt und ärgert und kränkt. Wir haben wahrscheinlich allen Grund, unserem Bruder zu »zürnen«; er war sehr wenig nett zu uns. Mit seiner Dummheit und seinem Ungeschick hält er uns wirklich auf und verdirbt, was wir mit Mühe und Geschicklichkeit aufgebaut haben. Ja, unser Nächster hat vielleicht tatsächlich ganz böse Seiten an sich und tut üble Dinge, am Ende auch gegen uns selber. Von Natur reagieren wir darum ständig auf unseren Nächsten mit dem Zorn, mit dem Scheltwort, mit dem scharfen Urteil. Jedes Familienleben, jede Nachbarschaft, jede Betriebsgemeinschaft liefert eine Fülle von Beispielen.

Jesus muß uns doch Recht geben! Aber Jesus geht merkwürdigerweise auf die Frage unseres »Rechts« und auf unsere »guten Gründe« zu unserem Verhalten überhaupt nicht ein. Er sagt darum auch nicht: »Wer mit seinem Bruder zu Unrecht zürnt, wer seinen Bruder ohne genügend Grund ausschimpft.« Nein, Jesus wird einfach der Anwalt unseres Nächsten und untersagt uns jedes Zürnen und Schelten und Aburteilen als Verletzung des 5. Gebotes. Mit tiefem Ernst droht er uns dafür das Gericht, das höllische Feuer an. Wage nicht, an dem unnachsichtigen Ernst des Wortes Jesu zu zweifeln!

Wir lernen hier etwas ganz Wichtiges. Wir meinen, wir könnten über unser Verhältnis zum Nächsten verfügen, wir könnten nachprüfen, wieweit wir berechtigt sind, zu zürnen oder du »Narr« zu sagen. Wir sind bereit, einen Rückzieher zu machen, wo wir einsehen, das war nicht nett von uns. Jetzt sagt uns Jesus: Über dein Verhältnis zu deinem Nächsten verfüge *ich*, denn ich bin dein Herr. Während du mit Recht sagst: Der Mensch bringt mich aus der Fassung, hier verliere ich eben die Geduld, ich muß mir Luft machen!, stellt sich Jesus vor diesen Nächsten und sagt dir: Nein, tu es nicht und wisse, wenn du es tust, verfällst du dem Gericht.

Und nun sollten wir erst einmal in die Stille gehen, mit Jesus reden und Jesus mit uns reden lassen. Dann wird uns Jesus an Brüder und Schwestern erinnern, denen wir zürnen und von denen wir – wenn wir es ihnen nicht an den Kopf geworfen haben – mindestens in unserm Herzen gedacht haben: Dieser Dummkopf, dieser widerwärtige Kerl! Da wird Jesus es nicht zulassen, daß wir uns selbst rechtfertigen, und wird uns sagen: »Davon habe ich gar nicht gesprochen, ob du menschlich gesehen nicht sehr viel Grund zu deinem Verhalten hast. Darum geht es nicht!«

Worum geht es dann? Was willst du, Jesus, von mir? Das ist doch übermenschlich und unmöglich, was du da von mir verlangst! Gut, wenn solche Fragen bei uns hervorbrechen. Tausendmal besser, als wenn wir uns Jesu Wort so ruhig und erbaulich anhören. Unsere erregten Fragen zeigen: die Begegnung mit Jesus selbst hat wirklich begonnen.

Zunächst müssen wir Jesus weiter hören. Unser »natürliches« Verhalten zum Nächsten ist völlig ichhaft. Ich gehe dabei von mir und meinen Gefühlen, meinen Urteilen, meinem Ärger und Zorn aus. Ich bin dabei der aktive Mittelpunkt. Aber nun kann es sein, daß auf einmal der andere seinerseits in ähnlicher Weise gegen mich aktiv wird. Mein Nächster hat etwas wider mich! Daran muß ich immer wieder denken, das fällt mir bei den unpassendsten Gelegenheiten ein. Zum Beispiel gerade jetzt vor dem Gottesdienst, auf den ich mich so gefreut hatte. Was nun? Jetzt muß sich doch Jesus als mein Anwalt neben mich stellen! Jetzt muß er doch sagen: »Darum, wenn du deine Gabe auf dem Altar opferst und wirst allda eingedenk, daß dein Bruder etwas wider dich habe, so laß dich nur nicht stören. Wirf diese Gedanken beiseite, sammle dich ganz für den Gottesdienst. Wenn dein Bruder mit dir zürnt, dann ist *er* des Gerichts schuldig!« Das wäre die Konsequenz aus dem, was eben Jesus von mir verlangt hat. Aber Jesus sagt: »So laß allda vor dem Altar deine Gabe und gehe zuvor hin und versöhne dich mit deinem Bruder, und alsdann komm und opfere deine Gabe« (Matth. 5,23 und 24). Unerhört, auch für uns heute immer noch unerhört, daß Jesus, dessen Herz brennend erfüllt war von dem Vater, von des Vaters Namen und Reich und Willen, daß dieser Sohn Gottes jetzt nicht urteilt: Natürlich, die Anbetung des Vaters und der Gottesdienst sind viel wichtiger als dieser Nächste mit dem, was er gegen dich hat!, sondern daß Jesus sagt: Höre auf mit dem Gottesdienst, gehe aus der Kirche wieder hinaus und versöhne dich mit deinem Bruder, das ist das allernotwendigste und wichtigste, was jetzt zu geschehen hat. Ob das einer von uns schon jemals getan hat? Das ist es eben: Wir nennen Jesus unsern Herrn, wir finden dogmatisch die höchsten Worte für ihn, aber wir tun nicht, was er uns so einfach und klar sagt. Kein Wunder, daß wir Jesus nie wirklich kennenlernen und unter dem Panzer unserer gedanklichen Dogmatik ein ungewisses und haltloses Herz haben. Wir weichen der wirklichen Begegnung mit Jesus aus. Anstatt Jesus zu folgen, bleiben wir hängen in dem erbitterten Gespräch mit dem Bruder, der etwas wider uns hat. Wir kennen das alle, diese unzähligen Selbstgespräche, die wir dabei führen, um uns zu entschuldigen, uns selbst zu rechtfertigen, um die Gegenangriffe gegen den andern zu starten: Ja, das hast du gegen mich, aber ich habe noch viel mehr gegen dich!

Wie ganz »praktisch« ist Jesu Wort. In der Praxis aller Schwierigkeiten mit andern Menschen, in der Praxis auch aller Ehenöte, machen wir es ja immer so: Wir beschäftigen uns in immer neuem Zorn und Ärger mit den Fehlern und Schlechtigkeiten des andern, wir halten dem andern mit wachsender Erbitterung vor, was er falsch gemacht, was an ihm unerträglich ist. Der andere soll erst einmal einsehen, wie schlecht er ist, der andere soll anfangen, sich zu ändern, dann wollen wir auch die zehn Prozent zugeben, die an uns liegen mögen. Damit kommen wir nie einen Schritt weiter! Darum ist es so heilsam, daß Jesus uns das heute aus der Hand nimmt und uns mit diesem tiefen Ernst sagt: Dich gehen nur die zehn Prozent an, die an dir liegen, wo der andere mit Recht etwas wider dich hat. Miß überhaupt nicht in Prozenten ab, du könntest dich sehr verrechnen und vor meinem Gericht eine schreckliche Enthüllung der Wahrheit erleben. Nein, »sei willfährig deinem Widersacher bald, dieweil du noch bei ihm auf dem Wege bist, auf daß dich der Widersacher nicht überantworte dem Richter und der Richter dem Diener und werdest in den Kerker geworfen. Wahrlich, ich sage dir: Du wirst nicht von dannen herauskommen, bis du auch den letzten Heller bezahlest« (Matth. 5,25–26).

Wir werden wunderbar praktische Erfahrungen machen, wenn wir Jesus wirklich gehorchen. Fangen wir heute damit an, erproben wir es sogleich in unserer Ehenot, in unsern Schwierigkeiten mit Nachbarn oder Kollegen. Gehen wir hin zu unserm Bruder, der etwas wider uns hat. Schreiben wir den notwendigen Brief an unsern Widersacher!

Aber noch einmal brechen die Fragen aus unserem Herzen auf. Was will denn Jesus eigentlich? Warum macht er sich so zum Anwalt meines Nächsten? Es ist einfach die unnachsichtige und konkrete Folgerung aus dem großen Gebot: »Du sollst deinen Nächsten lieben wie dich selbst« (Matth. 22,39). In der Schöpfung Gottes ist der Mensch von vornherein nicht als ein einsames, einzelnes Ich geschaffen, sondern als Glied menschlicher Gemeinschaft gewollt. Darum ist jeder Mensch ausgestattet mit der gleichen Würde, ein Mensch nach Gottes Bild zu sein, und es ist jeder Mensch in gleicher Weise von Gott geliebt. Und nun ist es das Verderben, daß wir unter den vielen Menschen, die auf Gottes Erdboden wohnen und die um uns her sind, den einen Menschen unerhört bevorzugen, ihm alles Gute zuwenden, ihm alles Recht zubilligen, für seine Ehre, für sein Recht eifern und seine Fehler entschuldigen, und dieser eine Mensch – bin ich. Diesem einen bevorzugten Menschen gegenüber setze ich die anderen unwillkürlich weit zurück und schiebe ihr Recht beiseite. Daraus folgt alles, was wir soeben als unser »natürliches« Verhalten gegen unsern Nächsten vor Augen hatten. Jesus aber tritt uns in den Weg und deckt die »Unnatur«, die tiefe Verkehrung darin auf. Jesus fordert keine künstliche und krampfhafte Überhöhung des Nächsten. Aber »liebe ihn wie dich selbst«. Sie an ihm die genau gleiche Würde, das genau gleiche Verlangen nach Achtung und Verstehen, nach Gerechtigkeit und Liebe. Du weißt ja von dir selber so gut, wie du bei deinen Fehlern und Schwächen behandelt werden willst. Nun, so tue deinem Nächsten das gleiche und zürne und schelte und schmähe nicht. Gib ihm sein Recht, wenn er etwas wider dich hat, so wie du dein Recht haben möchtest. Wenn du das versäumst, dann trete ich, Jesus, für deinen Nächsten ein, gerade als der Sohn des Vaters, weil Gott deinen Nächsten genauso liebt wie dich.

Und: warte nicht auf den anderen! Kümmere dich in diesem Sinn nicht um ihn und um das, was er tut. Fange du an. Sei du aktiv. Wir wollen hier schon auf diese Linie in Jesu Wort achten, die uns im Laufe unseres Kapitels immer entscheidender werden wird. Es geht um die Freiheit und Aktivität der Liebe.

Daß der Mensch nicht als einsames Einzelwesen von Gott gewollt, sondern von vornherein für die Gemeinschaft bestimmt ist, das wird daran deutlich, daß er sofort zweisam als Mann und als Weib geschaffen ist (1. Mose 1,27). Darum geht Jesus bei der Behandlung des »Nächsten« an unserer geschlechtlichen Bestimmtheit und an der Ehe nicht vorbei. Auch hier hat das Wort Jesu diese radikale Einfachheit und Klarheit, die wir bisher schon erschrocken wahrnahmen: »Ihr habt gehört, daß gesagt ist: Du sollst nicht ehebrechen. Ich aber sage euch: Wer eine Frau ansieht, ihrer zu begehren, der hat schon mit ihr die Ehe gebrochen in seinem Herzen. Wenn dir aber dein rechtes Auge Ärgernis schafft, so reiß es aus und wirf's von dir. Es ist dir besser, daß eins deiner Glieder verderbe und nicht der ganze Leib in die Hölle geworfen werde. Wenn dir deine rechte Hand Ärgernis schafft, so hau sie ab und wirf sie von dir. Es ist dir besser, daß eins deiner Glieder verderbe und nicht der ganze Leib in die Hölle fahre. Es ist auch gesagt: Wer sich von seiner Frau scheidet, der soll ihr geben einen Scheidebrief. Ich aber sage euch: Wer sich von seiner Frau scheidet, es sei denn um Ehebruch, der macht, daß sie die Ehe bricht; und wer eine Geschiedene freit, der bricht die Ehe« (Matth. 5,27–32). In diesem Wort geht es nicht um »Moral«, nicht einmal um »Keuschheit« als solche. Es geht auch hier wieder um die »Gleichheit« des Nächsten und um seine Würde als Ebenbild Gottes und als Gegenstand seiner Liebe. Ist der »Nächste« der Mensch des andern Geschlechts, dann ist seine Würde von mir besonders bedroht, weil er zum Objekt meines »Begehrens« wird, sei es auch nur in Gedanken oder in meinem Blick. Damit aber erniedrige ich ihn und taste seine Würde an. Nicht meine Keuschheit steht auf dem Spiel, so sähe ich es immer noch ganz ichhaft an. Auf dem Spiel steht die Freiheit und die Ehre des andern. »Keuschheit« aber ist nicht etwa »Enthaltsamkeit« als solche oder geschlechtliche Unempfindlichkeit, sondern »Keuschheit« ist die Fähigkeit, in dem Nächsten des andern Geschlechts ganz und gar den »Menschen« zu sehen und seiner Würde auch nicht mit einem Blick zu nahe zu treten. Darum aber, weil es hier um die Menschenehre des andern geht, handelt es sich bei der Forderung Jesu nicht um ein »Ideal«, das ich bewundern kann und doch nicht so genau zu nehmen brauche. Mit seiner Forderung ist es Jesus absolut und vollständig ernst. Du mußt dir eher das Auge ausreißen oder die Hand abhauen, ehe du etwas tust, was in Jesu Augen grauenhaft ist: den nach Gottes Bild geschaffenen Menschen zum Mittel deines Begehrens zu erniedrigen. Darum ist für Jesus auch die einmal geschlossene Ehe unantastbar und unauflöslich. Jesus setzt in seinem Wort selbstverständlich die soziale Rechtslage seiner Zeit und Umwelt voraus. Der Mann kann seine Frau »entlassen«. Warum tut er das? Aus dem gleichen Grund, aus dem er dem Bruder zürnt, ihn ausschilt und die Ansprüche des Bruders zurückweist: Es geht ihm um das eigene Ich. Was aus der Frau wird, äußerlich und innerlich, das kümmert ihn nicht. Unsere Lage ist komplizierter geworden. Eine Scheidung ist nicht mehr Sache des Mannes und seiner Willkür allein, sondern Sache beider Teile und Sache einer gesetzlich geordneten Nachprüfung. Aber das ändert an dem, was Jesu sagt und will, gar nichts. Es liegt heute nur auf der Frau die gleiche Verantwortung wie auf dem Manne. Du hast dir den Menschen des anderen Geschlechtes zu eigen genommen. Du bist »ein Fleisch«, ein »Wir« mit ihm geworden. Welche Gründe kann es für dich geben, dich der Verantwortung für den andern, der Zusammengehörigkeit mit ihm zu entziehen? Seine Schwächen, Fehler und Sünden? Machen sie deine Liebe für den andern nicht erst recht notwendig? Wenn der andere selbst die Ehe zerbrochen hat und sich einem andern zu eigen gegeben, kannst du das freilich nicht ändern. Aber sonst mußt du es wissen: Wenn du die Scheidung willst, dann steht Jesus als Anwalt des Nächsten neben dem andern.

Jesus hebt eine weitere Seite in unserem Verhältnis zum Nächsten besonders hervor: dieses Verhältnis ist immer und unter allen Umständen ganz wesentlich »Rede«, Gespräch, und vollzieht sich durch das Mittel des Wortes. Darum spricht Jesus von unserer »Rede«: »Ihr habt weiter gehört, daß zu den Alten gesagt ist: Du sollst keinen falschen Eid tun und sollst Gott deinen Eid halten. Ich aber sage euch, daß ihr überhaupt nicht schwören sollt, weder bei dem Himmel, denn er ist Gottes Thron; noch bei der Erde, denn sie ist seiner Füße Schemel; noch bei Jerusalem, denn sie ist des großen Königs Stadt. Auch sollst du nicht bei deinem Haupt schwören; denn du vermagst nicht, ein einziges Haar weiß oder schwarz zu machen. Eure Rede aber sei: Ja, ja; nein, nein; was darüber ist, das ist vom Übel« (Matth. 5,33–37). Es geht hier nicht um eine äußere Gesetzlichkeit, um ein »Verbot des Eides«. Wir mißverstehen die Schrift immer, wenn wir sie gesetzlich auffassen. Wir machen es uns dann unnötig schwer und zugleich viel zu leicht. Bei einer gesetzlichen Auffassung des Wortes Jesu müßten wir streng genommen unsern ganzen Wortschatz auf die beiden Worte »Ja« und »Nein« einschrumpfen lassen! Über den von der Obrigkeit verlangten Eid sagt Jesus hier kein Wort. Jesus meint hier unsere private Schwörerei. Nun wird sie bei uns nicht so aussehen wie im jüdischen Volk. Wir haben kaum noch die religiösen Beteuerungen, an die Jesus hier erinnert. Aber wir haben die schöne Redewendung: »Wenn ich aufrichtig sein soll . . .« Wenn wir diese Redewendung ernst nehmen, sagt sie: Im allgemeinen bin ich nicht aufrichtig, aber wenn ich es ausnahmsweise sein soll, dann ist es so und so. Das ist genau der Punkt, auf den Jesus zielt. Schwüre oder solche Formen »Ehrlich gesagt«, »Das ist wirklich wahr«, zeigen unsere übliche Haltung: Im allgemeinen leisten wir es uns, unsere Worte nicht so genau zu nehmen, und nur bei besonderen Gelegenheiten, die wir dann mit Beteuerungen hervorheben, ist Verlaß auf unser Wort. Jesus sagt: Das geht nicht. Das kostbare Wort als das kostbare Mittel des Verhältnisses von Mensch zu Mensch muß die eindeutige Klarheit haben, so daß ein Ja, das du sagst, wirklich ein Ja, und ein Nein auch wirklich ein Nein ist. Alles, was »darüber ist«, all dieses viele dazu gelegte Halbe, Unklare und Undeutliche, das stammt bereits von dem Lügner von Anfang.

Es geht auch hier wieder darum, daß ich »meinen Nächsten liebe wie mich selbst«. Mein Nächster darf von mir nicht getäuscht, hintergangen und hingehalten werden. Eben weil es um den Nächsten und die Liebe zu ihm geht, ist es mit einer kalten, harten Befolgung des Wortes Jesu nicht getan. Es gibt eine brutale Offenheit, die mit Jesu Forderung nichts zu tun hat. Und weil es um meinen Nächsten und nicht um den Glanz meiner Tugend geht, werde ich es meinem Nächsten im obrigkeitlichen oder rechtlichen Amt gern zubilligen, daß er in dieser Welt der Lüge bei bestimmten Gelegenheiten die Bestätigung meiner Wahrhaftigkeit mit einem Eid von mir verlangt.

Darum wollen wir uns vor dem Wort Jesu nicht in interessante und problematische Erörterungen flüchten, sondern dem Wort Jesu standhalten und uns von Jesus fragen lassen: Wie steht es mit deinem Reden? Ist es noch unwillkürlich gesteuert von deinem Ich und seinen Interessen? Erlaubst du dir da und dort die großen oder kleinen Unwahrheiten und Verfälschungen, wie sie deinem Ich dienen, und vergißt und mißachtest deinen Nächsten? Wie erschreckend, aber auch wie befreiend und revolutionierend wird die Begegnung mit Jesus selbst für uns sein.

3. Und nun geht es um das »Sonderliche«!

Jesus kennt die Welt. Dort gibt es nicht nur den Bruder, über den ich mich ärgere, nicht nur den Bruder, der etwas wider mich hat, und nicht bloß die Schwierigkeiten des Wortes zwischen uns Menschen, sondern nun tritt der unangenehme Zeitgenosse auf. Der wirklich unangenehme Zeitgenosse mit seinen Zudringlichkeiten und Unverschämtheiten. Da kommt er, der dich vielleicht nicht immer gerade äußerlich, aber oft moralisch ohrfeigt. Da kommen Menschen mit allen möglichen »Rechtsansprüchen«, mit denen sie dich bedrängen, da kommen Leute, die dich zu allerlei Dienstleistungen nötigen wollen. Da kommt dieser und jener, der allerhand Bitten, und zwar reelle und oft dreiste Bitten, an dich hat. Was nun? In uns allen ist selbstverständlich die Abwehr, selbstverständlich das Wahrnehmen unseres Rechts. Wieder wissen wir alle um die Nachtstunden, in denen wir schlaflos liegen und erbittert an diesen unangenehmen Zeitgenossen denken, wo es in uns tobt und uns krank macht: Das ist unverschämt, das kann ich mir nicht gefallen lassen! Und was sagt Jesus in diese unsere Lage hinein, die wahrlich nicht ein konstruierter Fall, sondern oft genug in unserem Leben Wirklichkeit ist? Wie gut und wie erstaunlich ist es, daß Jesus überhaupt dazu etwas sagt! Daß Jesus sich um diese Widerwärtigkeit kümmert, daß er nicht zu »heilig« und zu hoch dazu ist. Er vertröstet uns auch nicht etwa: Komm, Kind, laß das jetzt beiseite, denke lieber an den wunderschönen Himmel. Nein, klar und bestimmt in unsere Lage hinein ergeht sein Wort: »Ihr habt gehört, daß da gesagt ist: Auge um Auge, Zahn um Zahn. Ich aber sage euch, daß ihr nicht widerstreben sollt dem Übel, sondern wenn dir jemand einen Streich gibt auf deine rechte Backe, dem biete die andere auch dar. Und wenn jemand mit dir rechten will und deinen Rock nehmen, dem laß auch den Mantel. Und wenn dich jemand nötigt eine Meile, so gehe mit ihm zwei. Gib dem, der dich bittet, und wende dich nicht von dem, der dir abborgen will« (Matth. 5,38–42).

Jesus beginnt mit dem alttestamentlichen Wort, das wir als ein besonderes Wort der »Rache« betrachtet haben und das doch nur unser aller natürliches Denken wiedergibt. Nach dem klaren Recht soll es zwischen mir und den andern gehen. Was Recht ist, sollen sie natürlich haben. Aber für mein eigenes Recht will ich mich ebenso wehren: »Auge um Auge, Zahn um Zahn«. Jesus aber reißt uns mit mächtigem Griff von diesem »Recht« fort.

Nun müssen wir aufpassen, damit wir Jesus richtig verstehen. Jesus sagt nicht etwa: Ziehe den Kopf zwischen die Schultern und laß dir alles gefallen. Er sagt nicht: Der andere schlägt dich, nun, dann laß dich weiter verprügeln. Er sagt nicht: Wenn sie dir den Rock abgegaunert haben, dann laß dir vollends noch das Fell über die Ohren ziehen. Und wenn die andern die Mächtigen sind, dann gehe vorsichtigerweise (innerlich kannst du dabei ruhig schimpfen) lieber gleich zwei Meilen mit. Jesus meint nichts, was Schwachheit und Feigheit wäre. Es geht ihm auch gar nicht um ein »Dulden«. Jesus verlangt höchste Aktivität. Achten wir nur genau auf sein Wort. Nicht: »Füge dich der Gewalt und gehe den verlangten Weg«, sondern: »Gehe freiwillig noch die zweite Meile.« Übertriff, überbiete noch, was der andere von dir fordert! Sei ganz aktiv und darum mitten in aller Vergewaltigung ganz frei.

45

Jawohl, genau daran liegt Jesus, daß wir nicht passive Leute werden, die, innerlich verbittert, sich von den andern zwingen lassen, sondern daß wir die Freien bleiben, die nach ihren eigenen Maßstäben aktiv handeln. Ganz gewiß, wir durchbrechen und verlassen dabei den Raum des Rechtes. Aber auch das gerade will Jesus. Das große Gebot heißt ja nicht: Behandle deinen Nächsten nach dem Recht (und wehre dich darum gegen sein Unrecht), sondern es heißt: Liebe deinen Nächsten. Auch dieser unangenehme Zeitgenosse ist dein Nächster in aller Tatsächlichkeit. Wie willst du mit ihm umgehen? Nach dem strengen Recht: »Auge um Auge, Zahn um Zahn«? Dann wirst du aus dem endlosen Streit wahrscheinlich nie herauskommen. Oder wenn schon, dann in die Kälte der Beziehungslosigkeit hinein: Wir haben keine Forderungen mehr aneinander.

Jesus will uns das »Sonderliche« (V. 47) zeigen, den »übermäßigen Weg«, wie Paulus 1. Kor. 12,31 wörtlich sagt. Dieses Sonderliche, dieser übermäßige Weg ist jene Aktivität, die in Freiheit mehr tut und gibt, als der andere fordert, die Gewalt und Unrecht dadurch folgenlos macht und ins Leere laufen läßt und so die Chance ergreift, die auch den unangenehmen Zeitgenossen aus seiner Verkehrtheit herausholen und retten kann. Haben wir nicht wieder mit Jesus zu reden? Wo haben wir es mit »unangenehmen Zeitgenossen« zu tun? Wie haben wir es bisher gemacht? Wollen wir uns von Jesus den Weg zeigen lassen? Nur in solcher Erprobung seines Wortes lernen wir Jesus wirklich kennen. Nur so machen wir Erfahrungen des neuen Lebens, das uns in ihm geschenkt ist.

Und nun führt uns Jesu Wort auf die äußerste Höhe. Jetzt kommt nicht nur der *unangenehme Zeitgenosse* mit seinen Ansprüchen, nun kommt der Feind. Jesus meint den wirklichen, gefährlichen Feind, den, der uns flucht, der uns haßt, der uns beleidigt. Jesus denkt besonders an die schrecklichen Feinde der Seinen, an die Verfolger.

Gerade darum ist klar: Hier gibt es kein Entrinnen, keinen Friedensschluß mit vielem Nachgeben auf unserer Seite, auch keine Flucht. Und gerade hier in der äußersten Zuspitzung unserer Lage formuliert Jesus sein Wort vollends so, daß an irgendein passives, ausweichendes, feiges Verhalten nicht zu denken ist. »Ihr habt gehört, daß gesagt ist: Du sollst deinen Nächsten lieben und deinen Feind hassen. Ich aber sage euch: Liebet eure Feinde, segnet, die euch fluchen; tut wohl denen, die euch hassen; bittet für die, so euch verfolgen, auf daß ihr Kinder seid eures Vaters im Himmel. Denn er läßt seine Sonne aufgehen über die Bösen und über die Guten und läßt regnen über Gerechte und Ungerechte. Denn wenn ihr liebet, die euch lieben, was werdet ihr für Lohn haben? Tun nicht dasselbe auch die Zöllner? Und wenn ihr nur zu euren Brüdern freundlich seid, was tut ihr Sonderliches? Tun nicht dasselbe auch die Heiden? Darum sollt ihr vollkommen sein, gleichwie euer Vater im Himmel vollkommen ist« (Matth. 5,43–48). Hier ist alles äußerste Aktivität: lieben, segnen, wohltun, fürbitten! Ganz gewiß, das ist gar nichts Übliches, Gewohntes, Häufiges. Es ist etwas »Sonderliches«.

Aber es ist Wahrung der eigenen Freiheit in der äußersten Bedrohung und darum der absolute Sieg in der äußersten Lage. Die Feinde mögen tun, was sie wollen, sie mögen hassen und fluchen und verfolgen, sie können uns nicht vom Lieben und Segnen, vom Wohltun und Fürbitten wegkriegen. Die Liebe ist unüberwindlich. Die Liebe ist der Sieg.

Auf die äußerste Höhe sind wir geführt und blicken von da aus zurück. Die Anfangszeilen von Matth. 5,21 schienen uns noch verhältnismäßig einfache Forderungen zu enthalten, wenn wir uns freilich auch da schon mit allerlei Fragen auflehnten. Warum gab uns Jesus diese Regeln, worauf lief das hinaus? Warum wurde nach meinem Recht dem Bruder gegenüber nicht gefragt? Warum war Jesus so rücksichtslos gegen mich? Nun ist es klar, warum sich Jesus bei mir nicht aufhalten konnte und wollte. Ein großer einheitlicher Zusammenhang hat sich uns aufgetan. Es geht Jesus um das Eine: »Liebe deinen Nächsten wie dich selbst.« Darum wurde überhaupt nicht erörtert, ob ich nicht Grund zum Zürnen oder Schelten habe, ob ich nicht meinem Widersacher erhebliche Gegenforderungen stellen könnte. Die Liebe fragt nicht danach. Aber indem die Liebesforderungen immer schroffer den Nächsten in allen seinen Gestalten meint, zuletzt auch in der Gestalt des Feindes und Verfolgers, enthüllt sich erst, was das viel gebrauchte und abgegriffene Wort »Nächstenliebe« eigentlich bedeutet!

Allzu lange und allzu selbstverständlich haben wir gemeint, ein wenig äußere Hilfe für den anderen, in den meisten Fällen aus dem eigenen Überfluß heraus gegeben, sei schon »Nächstenliebe«, »christliche Liebe«. Es ist uns sehr heilsam, wenn wir heute erleben: Das kann die Welt auch, das kann sie oft noch viel großzügiger und selbstverständlicher als wir. Wie stehen gerade die sogenannten »kleinen Leute« einander bei, ohne irgendwelches Aufheben davon zu machen. »Christliche Liebe« zum Nächsten aber ist etwas völlig anderes (so sehr die äußere Hilfe darin mit eingeschlossen sein kann). Sie ist jenes liebende Verhalten, das wirklich den anderen selbst, den anderen in seiner Person meint und ohne Rücksicht auf uns selbst das ganze Wohl des anderen will, selbst das Wohl des Feindes. Wir haben sie entweder ganz und gar und jedem gegenüber, von dem störenden und ärgerlichen Bruder an bis zum Feind und Verfolger, oder wir haben sie gar nicht. Denn Liebe ist unteilbar, unaufgebbar, unbesiegbar. Oder sie ist keine Liebe.

Wenn wir das aber sehen, dann steht die entscheidende Frage in unserem Herzen auf: Wie kommen wir zu dieser Liebe? Denn es ist seltsam: So unerhört, so unmöglich die Forderung dieser Liebe ist, wir können sie nicht loswerden, wenn sie uns einmal getroffen hat. Wir können nicht sagen: lächerlich, überspannt! Wir sind von dieser Forderung innerlich überwunden, wir sehen es selber ein: Gerade so müßte unser Leben sein. Das ist die Freiheit, das ist der Sieg, das allein ist überhaupt das eigentliche Leben! Aber zugleich ist völlig klar: Von Natur haben wir diese Liebe nicht. Aber es preßt sie auch kein Bemühen und kein eigenes Wollen aus uns heraus. Mit eigenem Bemühen bekommen wir höchstens ein Zerrbild von ihr zusammen, das bei der ersten ernsteren Probe zerbricht. Zum Wesen der Liebe gehört gerade ihr freies, eigenes Strömen und Quellen. Darum hat es Paulus mit tiefem Einblick gesagt: »Und wenn ich alle meine Habe den Armen gäbe und ließe meinen Leib brennen und hätte der Liebe nicht, so wäre mir's nichts nütze« (1. Kor. 13,3). Ich könnte alles »tun«, was Jesus gesagt hat; ich könnte mich aufopfern und verzehren, und doch könnte es ohne wirkliche »Liebe« geschehen. Dann wäre es »mir« nichts nütze, ich bliebe von dem eigentlichen »Leben« geschieden. Und es würde auch dem andern nicht »nützen«, soviel er äußerlich bekäme; er bliebe um das Beste, um das wirkliche Geliebtwerden, betrogen.

Wir haben aufs neue den gleichen Weg zu gehen, den Weg zu Jesus selbst. Wir haben auch hier wieder unsere Einbildungen und Selbsttäuschungen abzulegen und Jesus zu sagen: Jesus, du zeigst mir die wirkliche Liebe zum Nächsten, du forderst sie von mir, und ich muß dir vollständig recht geben. *Aber ich kann nicht lieben!* Wenn ich mich darum mühe, wird alles »Heuchelei«. Ich nehme mich zusammen und unterdrücke nach außen das Scheltwort, aber mein Herz zürnt und schilt. Ich gebe äußerlich nach, aber innerlich poche ich doch auf mein Recht. Und vor dem Feind und Verfolger stehe ich in Angst und Wut. Ich sehe es selbst, daß ich damit im Todeswesen bin.

Aber nun bleibe nicht hängen im Anblick deiner eigenen

Not. Blicke auf Jesus selbst, dann kannst du es erfahren: Jesus selbst, das ist nicht nur der Forderer der Liebe, er ist selbst diese Liebe – gerade auch zu dir selbst. Er ist gar nicht nur der »Anwalt deines Nächsten«, er ist darin dein eigener Anwalt. Er fordert nicht als ein kalter Herr und Richter. Es ist selbst schon seine Liebe zu dir, die dich als diesen Liebenden, als diesen Freien, als diesen Sieger, als diesen wahrhaft Lebendigen sehen möchte.

Liebe kann nicht »gemacht« werden. Aber Liebe wird »geboren«. Geboren aus der Liebe. Aus der Liebe, die wir erfahren. Wir erfahren die Liebe an Jesus selbst. Jesus liebt mich. Warum tut er das? In mir ist nicht der leiseste Grund vorhanden, daß er mich lieben könnte. Er liebt mich unbegreiflich. Er liebt mich, weil er mich liebt. Aber noch mehr. Er liebt mich gerade, weil er meine Sünde und mein Elend sieht. Er liebt mich, weil er aus mir noch etwas machen will. Weil er mich schon so sieht, wie ich durch seine Liebe werden soll. Weil er nicht den häßlichen, entstellten, ichhaften und lieblosen Menschen sieht, der damit auch den Vater so verunehrt, sondern weil Jesus in der Macht seiner schöpferischen Liebe mich schon sieht als den, der ich einmal sein werde, »heilig und unsträflich vor ihm selbst in der Liebe« (Eph. 1,4), ihm selbst gleich. Seine Liebe ist quellende Liebe, die schaffend und zurechtliebend liebt.

Diese Liebe entquillt dem Herzen Gottes selbst, der seine Sonne aufgehen läßt über die Bösen und über die Guten. Es bleibt dabei: »Der Sohn kann nichts von sich selber tun, sondern was er sieht den Vater tun.« Und nun geht dieser Strom der Liebe durch Jesus in die Welt hinein bis hin zu dir. Laß dich lieben! Wir sind so arm und noch so tot und haben keine Liebe, weil wir uns nicht wirklich lieben lassen. Laß dich lieben, dann wird die dankbare Gegenliebe in dir aufflammen. Und es geht nun dieser Liebesstrom weiter zu deinem Nächsten als ein siegreicher Lebensstrom, der den anderen liebt, er sei wie er wolle, der darum auch diesen ärgerlichen Bruder liebt, der so viele schlechte Eigenschaften hat und über den man wirklich sagen möchte: Ach, dieser Dummkopf, dieser Esel! Nein! Nun steht er in dieser Liebe darin, und nun siehst du selbst seine Eseleien anders an. Aus Gottes Liebe geboren, werden wir wirklich »Kinder unseres Vaters im Himmel« und tragen die Wesensart unseres Vaters an uns, die Liebe, die auch den Feind unbesieglich zu lieben vermag. Wir werden »Gottes Nachahmer als geliebte Kinder und wandeln in der Liebe dem entsprechend, wie auch der Christus uns geliebt hat und sich selbst dargegeben für uns« (Eph. 5,1.2). Nun ist vollends klar, warum das »vornehmste Gebot« ein Doppelgebot und die Liebe zum Nächsten der Liebe zu Gott »gleich« ist.

III. JESUS SCHAFFT ORIGINALE DER LIEBE

Wir werden gut daran tun, noch nicht gleich zu einem neuen Thema überzugehen, sondern uns erst einmal die Verwirklichung dessen zeigen zu lassen, was wir in den vorigen Kapiteln besprochen haben. Gerade um diese Verwirklichung geht es! Die Liebe kann nicht ein bloßes »Ideal« bleiben, von dem wir schwärmen, nicht ein bloßes »Gebot«, das wir eigentlich erfüllen »müßten«, aber nicht erfüllen können und schließlich auch nicht zu erfüllen brauchen. Wir fassen freilich die Gnadenbotschaft des Christentums oft so auf: Jesu Gebot der Liebe zeigt uns unser ganzes Elend; wir können es nicht erfüllen; nun aber »glauben« wir an Jesus und an seine Erlösungstat, und dieser unser »Glaube« ist gleichsam der vollgültige Ersatz für die fehlende Liebe. Aber gerade Paulus, der Bote von der Gnade Jesu, der große Zeuge der »Rechtfertigung allein durch den Glauben«, hat es anders gesagt! »Wenn ich Weissagung habe und weiß die Geheimnisse alle und alle Erkenntnis, und wenn ich auch allen Glauben habe, so daß ich Berge versetzte, Liebe aber habe ich nicht, dann bin ich nichts« (2. Kor. 13,2). Es geht also um das tatsächliche »Haben« der Liebe. Denn allein »die Liebe fällt nie hin«, auch dann fällt sie nicht, wenn das Vollkommene kommt und alles Stückwerk aufhört (1. Kor. 13,8–10). Wir sehen auch klar, warum das so ist. »Liebe« ist ja selbst das eigentliche göttliche Leben. Johannes sagt: »Gott ist Liebe; und wer in der Liebe bleibt, der bleibt in Gott und Gott in ihm« (1. Joh. 4,16). Johannes sagt: »Wer nicht liebt, der bleibt im Tode« (1. Joh. 3,14). Es ist also unmöglich, es ist ein Widerspruch in sich selbst, errettet, erlöst, zum Leben gebracht zu sein und doch nicht zu lieben. »Erlöst sein« heißt gerade »lieben«. Und der »Glaube«, der uns errettet, ist immer »der Glaube, der sich auswirkt durch Liebe« (Gal. 5,6). Darum kann es gerade Paulus so schroff sagen: »Wer den Herrn Jesus Christus nicht lieb hat, der sei anatema (d. h. der sei verflucht) (1. Kor. 16,22). Dann aber ist es für uns von großer Wichtigkeit, anschaulich vor Augen zu haben, daß Jesus tatsächlich in Menschen, die sich von ihm aus dem Tode, aus der Ichhaftigkeit retten lassen und ihr Herz und Leben ihm übergeben, die Freiheit der Liebe schafft.

Amy Carmichael, eine Missionarin, der die Rettung indischer Tempelkinder zur besonderen Aufgabe geworden war, konnte diesen Dienst nicht allein tun. Weil es um die Liebe geht, werden wir das Zeugnis in die Welt hinein überhaupt nicht als einsame einzelne sagen können, sondern nur in einer Bruderschaft, welche die Liebe praktisch lebt. Darum hatte Amy Carmichael eine Schwesternschaft um sich, die aus Indern und Europäern zusammengefügt den Rettungsdienst an den indischen Tempelkindern tat. Für diese Schwesternschaft stellte Amy Carmichael in einem kleinen handgeschriebenen

Buch leitende Grundsätze auf. Darin heißt es: »Es ist ein Leben der Freude. Nichts Trauriges und Ungewisses ist dabei. Als Schwestern vom gemeinsamen Leben sind wir alle zu steter Freude im Herrn berufen. Es ist aber auch Soldatenleben; je näher ein Soldat seinem Hauptmann ist, desto eher wird der Feind ihn angreifen. Wenn ein Mensch sich auf den Weg macht, Gott zu finden, weiß er nicht, wohin er kommt und wohin er geführt wird; aber die, welche das Bild des Lammes gesehen haben, sind bereit, ihm zu folgen, wohin es geht. Von uns Schwestern vom gemeinsamen Leben erwartet man, daß wir unser Innerstes sorgfältig in Zucht halten und es beständig dem Scheinwerferlicht Gottes aussetzen. Möchte nicht der leiseste unfreundliche Gedanke in mir sein. Wenn ich dem leisesten Gefühl der Lieblosigkeit Raum gegeben habe, so zeige mir, wie ernst diese Sünde ist! Laß mich darüber vor deinem Angesicht zusammenbrechen! Man erwartet von uns, daß wir den Geist der Liebe ausbreiten. Sorgfalt im Urteil, die Gewohnheit, immer das Beste voneinander zu denken, das Böse nicht glauben wollen; Trauer, wenn wir es glauben müssen; Freude über jemand, der von einem Fehltritt oder Fall sich wieder aufrichtet; Freude mit der Freude der andern, Trauer mit den Traurigen; Bereitschaft, alles zu tun, einem andern zu helfen, ganz ohne Rücksicht auf uns selbst – all dies ist beschlossen in dem wunderbaren Wort Liebe. Wenn die Liebe unter uns zu schwinden droht, wenn es möglich wird, den leisesten Schatten eines lieblosen Wortes zu dulden, dann fängt unsere Gemeinschaft an zu sterben. Lieblosigkeit ist tödlich, sie ist gefährlicher als eine Kobra. Gerade so, wie ein winziger Tropfen des Kobragiftes sich schnell in dem ganzen Körper dessen verbreitet, dem es eingespritzt wurde, so genügt ein Tropfen galliger Lieblosigkeit in meinem oder deinem Herzen, daß er sich in furchtbarer Macht in unserer ganzen Familie ausbreitet; denn wir sind »ein Leib«. Darum ist die Anweisung

Jesu in Matt. 5,23–24 ständig praktisch zu leben. »Wir sind es den Jüngern schuldig, sie die Wahrheit zu lehren, daß gemeinsames Gebet unmöglich ist, wenn wir nicht treu in der Liebe sind. Wenn du irgendwo Lieblosigkeit entdeckst, laß alles liegen und bringe es in Ordnung, wenn möglich sofort!«

An zwei einfachen Bildern können wir sehen, wie das Handeln nach dem Maßstab Jesu praktisch aussieht. Theodor Fliedner, der Vater des evangelischen Diakonissentums, mußte für sein Werk und noch mehr für seine verarmte und leidende Gemeinde Geld zusammenbringen. So unternahm er eine Kollektenreise, die ihn vom Rheinland in das nahe gelegene Holland führte. Ein reicher Holländer, den er aufsuchte, wurde über das dringende Bitten und den ernsten Gewissensappell Fliedners so erregt, daß er Fliedner eine Ohrfeige schlug. Fliedner erwiderte: »Das war für mich – und was geben Sie für meine Armen?«

Otto Funcke besuchte auf seiner ersten Pfarrstelle auf dem Lande eine alte kranke Frau. Sie zeigte sich völlig ablehnend. Sie drehte sich in ihrem Bett zur Wand, sobald sie merkte, der Pastor ist da. (Das hat es also in der »guten alten Zeit« auch schon gegeben!) Der Schwiegersohn sagte: »Hochwürdiger Herr Pastor, lassen Sie den alten Drachen auf sich beruhen.« Das ist unsere »natürliche« Haltung dem »Nächsten« gegenüber und wird hier auch einem christlichen Gemeindeleiter zugemutet. Aber Otto Funcke besucht die Frau aufs neue. Es ist Erntezeit, alles ist draußen auf den Feldern. Die alte Frau liegt allein in der Kammer. Diesmal würdigt sie ihren Pastor eines Wortes. Sie beklagt sich, daß man sie vernachlässige. Nicht einmal Kaffee habe sie bekommen! Pastor Funcke strahlt auf: Kaffee kochen hatte er bei seiner Mutter gelernt. Es stört ihn nicht, daß die alte Frau höhnisch knurrt: »Sie werden gerade Kaffee machen können!« Er geht in die Küche, bereitet einen duftenden Kaffee, vergißt auch Zucker und Sahne nicht und bringt alles auf einem Tablett fröhlich der Alten. Da beginnt die Frau zu weinen, und es bricht aus ihr heraus: »Was bin ich doch für ein schlechter Mensch.« So kann ein Kännchen Kaffee Sündenerkenntnis wirken, wie es durch kein noch so richtiges Wort gelungen wäre. Ein Kännchen Kaffee, oder vielmehr die Liebe zum unangenehmen Zeitgenossen, die fröhlich gegangene »zweite Meile«, das willige Wohltun an dem, der einem mit Abweisung und Groll begegnete.

An diesen kleinen Beispielen ist dies wichtig: Sie sind keine gesetzlichen und mechanischen Befolgungen der Weisungen Jesu. Aber gerade so ist Jesus richtig verstanden.

»Ihr habt gehört, daß zu den Alten gesagt ist«, das ist der Dekalog, das Gesetz. Das meint man erfüllen zu können, weil es uns ein bestimmtes und begrenztes Pensum aufgibt. »Ich aber sage euch«, nun kommt das Wort Jesu selbst; und nun wird das Gesetz gerade dadurch wahrhaft »erfüllt«, daß gezeigt wird, mit welcher Freiheit und Lebendigkeit das Wort Gottes gelebt werden kann und darf. Das meinte Luther, wenn er das kühne Wort schrieb, der Christ brauche keinen Dekalog, ja mehr, er »mache selbst neue Dekaloge«. »Bringe einem alten Drachen ein Kännchen Kaffee«, steht nirgends im »Gesetz«. Aber es stand in dem »neuen Dekalog« des Pastors Funcke. So etwas sagt uns Jesus, wenn er selbst als der Lebendige bei uns ist. Das Handeln der Liebe ist nie »gesetzlich«, es ist immer original, unerwartet; das gehört zum Wesen der Liebe. Du kannst und sollst auch Funcke nicht äußerlich nachahmen, es würde wieder nur »Heuchelei« und bliebe bestimmt ohne jede Wirkung. Aber du in Jesus, an deinem Platz und unter deinen Lebensverhältnissen, darfst dasselbe ganz anders tun, was jene Männer taten. *Jesus selbst schafft Originale der Liebe.* Das Leben ist dann ungeheuer lebendig und interessant, wenn es nicht festgenagelt ist durch Regeln und Gesetze, sondern wenn aus deiner lebendigen Liebe heraus das Erstaunliche und Unerwartete getan wird. Aus unserer alten und tiefen Gewöhnung an das »Gesetz« – wir haben von Natur alle ein gesetzliches Denken, sagen die lutherischen Bekenntnisschriften – kommen die ängstlichen Fragen: Aber in diesem Falle und in jenem, wie soll ich es da machen? Das kann dir niemand sagen. Gewiß ist das brüderliche Gespräch oft eine große Hilfe. Aber gerade nicht dadurch, daß wir ängstlich und mechanisch den Rat des Bruders befolgen, sondern dadurch, daß Jesus selbst das Wort in diesem Gespräch nimmt und uns die wunderbare Lösung zeigt, die wir vorher gar nicht sehen konnten. Dazu haben wir einen lebendigen und gegenwärtigen Heiland, der es uns sagt und der es auch in uns und durch uns tut.

Da sind wir bei den Erfahrungen Hudson Taylors, die er in vorbildlicher Weise gemacht hat und uns darlegt. Ehe wir aber ihm selbst das Wort geben, müssen wir ein Zeugnis über ihn hören. Mutter Eva hat ihn den »Apostel der Heiligung« genannt. Worin sah sie diese Heiligung? Mutter Eva lernte H. Taylor in der Schweiz kennen, als sie dort zur Erholung von schwerer Krankheit weilte. Wochenlang konnte sie mit ihm zusammen sein. Und nun bezeugt sie, das Größte an H. Taylor sei ihr gewesen, daß er niemals ein günstiges Wort über sich selbst und niemals ein ungünstiges Wort über einen dritten gesagt habe, auch da nicht, wo zu beidem sehr viel Veranlassung gewesen wäre.

Das ist wahre Heiligung. Wie ungeheiligt sind wir gerade darin in unseren gläubigen Kreisen. Damit wir ganz anders geheiligte Gotteskinder werden, wollen wir in unseren frommen Kreisen und Häusern und Werken uns befreien lassen von dem vielen Reden und Urteilen über andere! Dann werden wir geheiligte Leute sein, wenn jeder Abwesende sich bei uns absolut sicher fühlen kann.

Noch eine bezeichnende Geschichte von H. Taylor, die hierher gehört. In Melbourne erinnerte man sich noch lange einer Gelegenheit, daß er in einer großen, überfüllten presbyterianischen Kirche sprechen sollte. Das Oberhaupt der Gemeinde, der »Moderator«, führte den Vorsitz. Er verbreitete sich in wohlgewählten Worten über das, was in China durch H. Taylor geschaffen worden sei, und stellte am Schluß den Zuhörern »unsern berühmten Gast« vor. Hudson Taylor stand einen Augenblick stumm, »ein himmlisches Licht lag auf seinem Gesicht«, wie ein Augenzeuge später berichtete. Dann begann er seinen Vortrag mit den Worten: »Liebe Freunde – ich bin der kleine Diener eines berühmten Herrn!«

Wie ist H. Taylor dieser »Apostel der Heiligung« geworden? Er soll es uns selbst sagen. Er hat die Frage der »Heiligung«, der Befreiung zu einem neuen Leben in ganz besonderer Weise durchkämpft und die Lösung geschenkt bekommen. Er schreibt an seine Schwester, die sein ganzes Leben von früh an mit ihrer Liebe und ihrem Gebet begleitet hat: »17. Oktober 1869. Der letzte Monat ist, glaube ich, der glücklichste meines Lebens gewesen, und ich möchte Dir etwas erzählen von dem, was der Herr an meiner Seele getan hat . . ., es ist gar nichts Neues oder Fremdes oder Wunderbares dabei – und doch ist alles neu! Mit einem Wort: Ich war blind und bin nun sehend!

Vielleicht kann ich es etwas verdeutlichen, wenn ich zuerst von dem spreche, was vorher war. Ich hatte die letzten sechs oder acht Monate große Bekümmernis, denn ich fühlte, wie sehr ich persönlich und die Mission als Ganzes mehr Heiligung, Leben und innere Kraft nötig hatten. Aber das dringendste war mein eigener Mangel. Ich betete, ich quälte mich ab, ich fastete und mühte mich; ich faßte Vorsätze, las die Schrift fleißiger, suchte mehr Zeit zu innerer Sammlung – aber alles vergebens! Täglich, fast stündlich drückte mich das Bewußtsein der Sünde zu Boden. Ich wußte, wenn ich nur in Christus bleiben könnte, würde alles gut sein, aber ich konnte es nicht. – Ich fing den Tag mit Gebet an, entschlossen, ihn nicht aus den Augen zu verlieren, aber die Fülle meiner Pflichten, die manchmal sehr anstrengend sind, die zahlreichen Unterbrechungen, die einen so müde machen, ließen mich ihn oft vergessen. Außerdem greift das Klima hier die Nerven an, daß man schwer der Versuchung widerstehen kann, reizbar zu werden, was zu unfreundlichen Gedanken – ja zu unfreundlichen Worten führt. Jeder Tag hatte sein Register an Sünden, Verfehlungen, mangelnder Selbstbeherrschung. Wollen hatte ich wohl, aber das Vollbringen war mir unmöglich.

– Dabei verließ ich mich in meinem Ringen durchaus nicht auf meine eigene Kraft. Ich bat um seine Hilfe und seine Kraft. Aber wenn ich dann abends zurückblickte, hatte ich nur Sünde und Schwachheit vor ihm zu bekennen und zu beklagen . . . Dazwischen gab es dann Zeiten des Friedens, sogar der Freude in dem Herrn. Aber sie dauerten nie lange, und immer blieb das Gefühl der Kraftlosigkeit. Gott ist wahrhaft gut, daß er diesem Kampf ein Ende machte.

In dieser ganzen Zeit hatte ich die feste Überzeugung, daß in Christus alles beschlossen war, dessen ich bedurfte; die Frage war nur, wie ich es bekommen könnte . . . Ich wußte, daß in der Wurzel und im Stamm reichlich Lebenssaft strömte; die Frage war nur, wie er in meinen armen kleinen Zweig gelangen könnte. – Als langsam das Licht empordämmerte, sah ich, daß der Glaube die Hand war, die seine Fülle erfassen und mir zu eigen machen könnte. Aber, ich hatte diesen Glauben nicht. Ich strebte ihm nach . . . ich versuchte ihn zu üben, aber vergeblich . . .

Als meine innere Qual ihren Höhepunkt erreicht hatte, benutzte der Herr einen Satz in einem Brief McCarthys, um es mir wie Schuppen von den Augen fallen zu lassen: McCarthy, der von dem gleichen Bewußtsein seiner Schwachheit bedrängt gewesen war, aber eher als ich das Licht sah, schrieb: Wie bekommen wir Stärkung unseres Glaubens? Nicht indem wir um

Glauben ringen, sondern dadurch, daß wir ruhen in dem Getreuen!

Während ich las, wurde mir alles klar! Glauben wir nicht, so bleibet er treu! Ich schaute auf Jesum und sah – und Freude überströmte mein Herz! –, daß Er gesagt hat: Ich will dich nicht verlassen. Da ist die Ruhe, dachte ich. Ich habe mich vergeblich abgemüht, in ihm zu ruhen. Ich will mich nicht mehr mühen. Denn – hat er nicht selbst versprochen, bei mir zu bleiben, mich nicht zu verlassen?

Strahlendes Licht ergoß sich in mein Herz, als ich an den Weinstock und seine Reben dachte. Wie groß war mein Irrtum, als ich wünschte, den Lebenssaft aus ihm heraus, in mich hinein zu bekommen! . . . Der Weinstock – das sehe ich jetzt – ist nicht bloß Wurzel und Stamm, sondern das Ganze: Wurzel, Stamm, Reben, Ranken, Blätter, Blüten, Früchte. Und Jesus ist nicht bloß das, sondern außerdem der Boden, der Sonnenschein, die Luft, der Regen, überhaupt tausendmal mehr, als wir je geträumt, gewünscht, nötig gehabt haben . . . Kann Christus reich sein und ich arm? Kann deine rechte Hand reich sein und deine linke arm? Kann das Haupt Nahrung haben und die Glieder hungern? – Das Herrlichste – wenn man überhaupt einen Teil der Erfahrung als herrlicher vor dem andern bezeichnen kann – ist die Ruhe, welche das Bewußtsein des völligen Einsseins mit Christus bringt.

Ich bin nicht besser als zuvor, aber ich bin mit Christus gestorben und begraben, aber ich bin auch mit ihm erstanden und gen Himmel gefahren; und nun lebt er in mir, und was ich jetzt lebe im Fleisch, das lebe ich im Glauben des Sohnes Gottes, der mich geliebt hat und sich selbst für mich dargegeben.

Ich fühle und weiß, das Alte ist vergangen.

Ich bin immer noch imstande zu sündigen; aber Christus ist gegenwärtig wie nie zuvor. Er kann nicht sündigen und Er kann mich bewahren vor der Sünde. Ich kann nicht sagen (leider muß ich es bekennen), daß ich seit dieser Erleuchtung nicht mehr gesündigt habe; aber ich fühle, daß ich es nicht hätte tun müssen. Ich wandle mehr im Licht, daher empfindet mein Gewissen zarter; ich sehe die Sünde sogleich ein, bekenne sie und erhalte Vergebung.

Laß uns Ihn nicht als weit entfernt ansehen, wo doch Gott uns einsgemacht hat mit ihm als Glieder seines Leibes! Übrigens wollen wir diese Erkenntnis nicht als etwas nur für einzelne Wenige Bestimmtes ansehen. Im Gegenteil, sie ist das Geburtsrecht jedes Gotteskindes; und keines darf ohne sie leben, wenn Gott recht geehrt werden soll. Die einzige Macht, die uns wahrhaft von Sünde frei macht und wirklich zum Dienst bereit, ist Christus.«

Das ist alles so klassisch klar geschildert. Das ist die »Begegnung mit Jesus selbst«, die wir brauchen, wenn wir ernstlich vor Jesus, dem Sohn, und vor Jesus, dem Anwalt unseres Nächsten, gestanden haben und dort mit unserem ganzen Leben, gerade auch mit unserem »frommen« und »moralischen« Leben, zunichte geworden sind. Alle eigenen Anstrengungen und Bemühungen sind vergeblich. Das sehen wir gerade in der Begegnung mit Jesus selbst. Allein »Christus in uns« ist »die Hoffnung der Herrlichkeit« (Kol. 1,27).

In der Sakristei einer Kirche hielt der Evangelist seine Sprechstunde. Es ist eine gut ausgestattete Sakristei, in der es sogar fließendes Wasser gibt. Vor dem Evangelisten sitzen immer wieder Menschen mit der Klage: »Ich komme nicht weiter, in meinem Leben gibt es nur Niederlagen, wie soll es mit mir werden, wie komme ich heraus aus dem Elend?« Da steht der Evangelist auf und geht zur Wasserleitung, dreht den Hahn auf und bittet seinen Besucher: »Schauen Sie einmal her! Sehen Sie das Leitungsrohr? Ist es aus Gold mit Brillanten besetzt? Ist es wenigstens aus Silber? Nein, es ist ein Bleirohr. Aber das schadet gar nichts und darauf kommt es nicht an.

Wichtig ist allein, daß durch dieses Rohr das klare Wasser fließt! Das Rohr muß das Wasser nicht aus sich selbst herauspressen; das kann ein Bleirohr niemals. Das Wasser kommt ganz woanders her. Aber das Rohr darf das Wasser aufnehmen und durch sich hindurch strömen lassen zu allen, die es brauchen.«

So darfst du leben, denn so darfst du lieben: »Nur Gefäße, heilger Meister, doch gefüllt mit deiner Kraft, laß von dir und durch uns strömen Liebesmacht und Lebenssaft!«

IV. JESUS – DAS IST DER WEG ZUM LEBEN UND ZUR GRÖSSE

1. Unser vergeblicher Weg

Was steckt eigentlich hinter all unsern Schwierigkeiten mit dem Nächsten? Es ist ja nicht so, daß einfach der Nächste schuld an ihnen hat. Die Schwierigkeiten liegen längst vorher in uns selber. Sie liegen in dem begründet, was durch den Sündenfall geschehen ist. Wir dürfen den Sündenfall nicht als ein bloßes »Dogma« betrachten, sondern müssen ihn in seiner ganzen Realität sehen. Im Sündenfall hat sich das wesensmäßig auf Gott und auf die Gottesgemeinschaft hin angelegte Geschöpf »Mensch« verselbständigt und dadurch die ungeheure Last auf sich genommen, auf sich selbst gestellt und einsam zu sein, herausgerissen aus der Geborgenheit in Gott. Von daher lebt jeder Mensch unter der Last und in dem oft ganz unbewußten Schrecken der Ich-Einsamkeit. Daraus folgt notwendig die Ich-Angst und die Ich-Gier. Von da aus erfolgt natürlich das Zusammenstoßen mit den anderen »Ichen«, die genauso von Angst und Verlangen umgetrieben sind. Wieviel von dem, was wir bei anderen Menschen verbittert als schlechte Laune und Häßlichkeit und Unfreundlichkeit empfinden, ist alles nur Äußerung einer großen Ich-Angst und Ich-Einsamkeit. Wieviele Sündenwege, die die Menschen gehen, über die wir uns moralisch entrüsten, sind nichts weiter als Versuche dieses armen, einsamen, hungrigen Ich, zu ein wenig Geborgenheit und Freude zu kommen. Darum, wenn es mit uns und dem Nächsten anders werden soll, muß es in diesem Punkt bei uns grundlegend anders werden. Wir müssen selber herauskommen aus der Ich-Angst und Ich-Hungrigkeit. Die Art des einsamen Ich äußert sich in dem angstvoll-gierigen »Behalten«, »Bewahren« und »Lieben« des eigenen Lebens, aber auch in dem zähen und erregten Aussein auf unser Recht und auf unsere Macht und Größe. Jesus hat davon sehr gründlich mit seinen Jüngern gesprochen: es sind die bekannten Worte, nur jedesmal in einer anderen Fassung: »Wer sein Leben findet . . .«, »wer sein Leben behalten will . . .«, »wer sein Leben lieb hat, der wird es verlieren!« (Matth. 10,39; 16,25; Joh. 12,25). Diese grundlegenden Worte gelten uns allen. Wir tragen alle das Gift des Sündenfalles in uns. Wir sind alle gottlos und klammern uns notwendig an uns selbst und wollen darum unser Leben »erhalten« oder »finden«.

Jesus schildert in seiner einfachen und anschaulichen Art Typen solcher »Lebenserhaltung« aus seiner Umwelt. Da ist der »Reiche Mann«. »Es war aber ein reicher Mann, der kleidete sich mit Purpur und köstlicher Leinwand und lebte alle Tage herrlich und in Freuden« (Luk. 16,19). Jesus karikiert nicht, das tut er nie. Er zeichnet keine abstoßenden Züge. Kein Wort davon, daß bei den Festlichkeiten dieses Mannes leichtfertige Frauen dabei waren. Auch kein Wort davon, daß dieser Reiche auf bösen Wegen zu seinem vielen Geld gekommen sei. Nur dies wird festgestellt: feinste Wäsche, nobelste Anzüge und jeder Tag ein Fest! Gerade darum trifft uns dies Bild: Es entspricht unserm geheimen Wünschen und Trachten. Wir haben es nicht so, aber wir möchten es so haben. Das wäre doch wirklich ein Leben, das man »leben« könnte! So würden wir doch das Leben »gewinnen«!

Ähnlich und doch einen anderen Zug hervorkehrend ist das Bild jenes Mannes, der die Rekordernte gemacht hatte, der die alten Scheunen abbrach, größere, neue baute und sagte: Nun bin ich am Ziel!

Hier scheint wirklich die Ich-Gier in gewisser Weise befriedigt, die Ich-Angst gestillt. »Liebe Seele, du hast einen großen Vorrat auf viele Jahre; habe nun Ruhe, iß, trink und habe guten Mut« (Luk. 12,19). Hier geht es nicht nur um den Lebensgenuß, sondern um die Lebenssicherung. Wie ist unser ganzes Leben beherrscht von den Versuchen, uns und unser Leben irgendwie zu »sichern«. Viele Nöte in der heutigen Lage der Christen entstehen nur daraus, weil wir diesen Wunsch nach Lebenssicherung für uns und unsere Kinder nicht aus dem Herzen loswerden. Unsere Kinder müssen Oberschule und Abitur haben, sie müssen diese und jene Ausbildung bekommen, sonst lohnt sich das Leben nicht. Ich muß meine gute Stellung behalten, nur so sichere ich für mich und die Meinen das Leben. Irgendwie möchten wir es so haben wie der reiche Kornbauer: einen großen Vorrat für viele Jahre und darum gute Ruhe zum unangefochtenen Genießen. Das, so meinen wir, wäre wirklich »Leben«.

Neben dieses »Gewinnen« und »Sichern« des Lebens tritt ein seltsames Verlangen nach Macht und Größe. Wir wollen nicht nur »genießen«, wir wollen auch obenauf sein, wir wollen über die andern hervorragen, wir wollen mehr sein und mehr gelten als die andern. Wir wollen »herrschen«, wir wollen andere ausnützen und für unsere Erhöhung verbrauchen. Dies stellt uns das Evangelium dar – an den Jüngern Jesu selbst. »Da gingen zu ihm Jakobus und Johannes, die Söhne des Zebedäus, und sprachen: Meister, wir wollen, daß du uns tuest, was wir dich bitten werden. Er sprach zu ihnen: Was wollt ihr, daß ich euch tue? Sie sprachen zu ihm: Gib uns, daß wir sitzen einer zu deiner Rechten und einer zu deiner Linken in deiner Herrlichkeit. Und da das die Zehn hörten, wurden sie unwillig über Jakobus und Johannes. Da rief Jesus sie zu sich und sprach zu ihnen: Ihr wisset, daß die weltlichen Fürsten ihre Völker niederhalten, und ihre Mächtigen tun ihnen Gewalt. Aber so soll es nicht sein unter euch; sondern wer groß sein will unter euch, der sei euer Diener; und wer unter euch will der Erste sein, der sei aller Knecht. Denn auch des Menschen Sohn ist nicht gekommen, daß er sich dienen lasse, sondern daß er diene und gebe sein Leben zu einer Erlösung für viele« (Mark. 10, 35–45). Hier wird uns gesagt, daß wir vielleicht das Streben nach Lebensgenuß und Lebenssicherung überwunden haben und arm und gefährdet mit Jesus gehen, aber das Verlangen nach Größe und Macht mitten in solchem Einsatz tief in uns tragen. Es sind die menschlich edleren Naturen, die nicht der reiche Mann mit seinen täglichen Festen lockt, wohl aber der Thronsitz zur Rechten und Linken des großen Königs. Aber auch dieses Streben entspringt der gleichen Wurzel; das einsame, in sich selbst unbefriedigte Ich will durch Macht und Größe zur Erfüllung seines Daseins kommen.

Hier streifen wir an das Geheimnis des Satanischen. Der von Gott losgerissene hohe Engel begehrt nicht Tafelgenüsse und Frauenschönheit. Solcher Genuß ist ihm verächtlich. Aber »herrschen«, eine Welt nach seinem Willen gestalten, den höchsten Thron einnehmen, sein wie Gott – das müßte den brennenden Durst löschen, der in ihm glüht, seit er nicht mehr aus Gott und für Gott lebt. Darum erinnert Jesus hier an die Mächtigen und an die Fürsten dieser Welt. Alexander der Große, Nero, Napoleon u. a. haben »dämonische« Züge. Es ist die Macht als solche, die befehlende und umgestaltende Gewalt, die sie erstreben und genießen. Aber die einfachen Fischer vom See Genezareth (und wir selber!) sind nicht anders. Darum entrüsten sich die andern Jünger über die beiden Zebedäussöhne und zeigen eben damit, daß sie im Grunde genauso denken.

Was sagt Jesus zu dem allen? Wieder gilt es Jesus selbst zu erleben, der völlig anders ist als wir. Jesus sagt uns, daß unsere Lebensgier und unsere Ich-Angst und unsere Lebensbewahrung vergeblich ist: »Wer sein Leben erhalten will, der wird es verlieren.« Wir sehen, das ist nicht Moral. Wenn Jesus spricht, dann spricht er einfach die großen Tatsachen aus. Die Kraftlosigkeit unseres Wortes liegt oft darin, daß wir »moralisch« reden, daß wir auf den andern mit unseren Forderungen eindringen: So darfst du doch nicht sein, das und das sollst du doch nicht tun! Laßt uns von Jesus lernen, viel sachlicher über die großen Tatsachen zu reden. Jesus hat die Menschen nicht gescholten: Seid nicht so lebensgierig, ihr müßt viel selbstloser sein! Er hat einfach gesagt: »Wer sein Leben erhalten will, wird es verlieren.« Darum läßt er auch Abraham den reichen Mann in der Qual des Totenreiches nicht ausschelten und ihm keine Predigt halten. Abraham stellt eine einfache, freilich für den reichen Mann vernichtende Tatsache fest: »Gedenke, Sohn, daß du dein Gutes empfangen hast in deinem Leben« (Luk. 16,25). Mehr hast du nicht gewollt, du hast bekommen, was du wolltest; aber damit hast du dein Leben verloren!

Es liegt Jesus daran, daß wir die Tatsachen sehen, wie er selbst sie mit dem durchdringenden Blick des Sohnes sah. Unsere Ich-Einsamkeit und unsere Ich-Angst macht uns ja blind. Wir meinen in dieser Verblendung im Ernst, wenn wir schön wohnen, uns gut anziehen und aus jedem Tag einen Festtag machen könnten, dann hätten wir das Leben gewonnen. Aber so leben wir gerade am Leben vorbei. Der Tod macht das unerbittlich klar. Der reiche Mann hat gar kein wirkliches Leben. Er hat nur ein irdisch-sinnliches Dasein, das im Tode von ihm abfällt und ihn einem quälenden, brennenden Durst preisgibt. Es bedarf gar keiner besonderen »Höllenstrafen«: Mit seinem scheinbar so herrlichen »Leben« hat der reiche Mann sich schon die Hölle und Qual selbst bereitet.

Darum bekommt der reiche Kornbauer den Titel »du Narr«. Wir alle sind tief überzeugt, daß die »Sicherung« des Lebens die einzig richtige Klugheit sei. Millionen und Abermillionen von Menschen arbeiten und hasten und kämpfen mit dem einzigen Ziel, ihr Leben durch ihr Bankkonto, ihren Grundbesitz, ihre gute Stellung zu sichern. Auch hier schilt Jesus nicht und entrüstet sich nicht moralisch. Aber er deckt sogleich auf: O ihr klugen Narren! Wie weit kommt ihr denn mit euren »Sicherungen des Lebens«? Diese Nacht wird man deine Seele von dir fordern, und wes wird sein, was du bereitet hast? (Luk. 12,20). Wir »sichern« unser Leben, aber wenn wir es eben genießen wollen, kommt der Herzinfarkt oder der Unfall, und es gleitet uns alles aus den Händen.

Und die Machthaber dieser Welt? Was gewinnen sie? Alexander der Große stirbt jung, und sein Reich zerfällt. Napoleon stirbt als Verbannter auf St. Helena. Ein Friedrich II. geht als einsamer Menschenverächter mit seinen Hunden durch den Park von Sanssouci. Es ist so handgreiflich sichtbar: alle diese üblichen, millionenfach versuchten »Wege zum Leben« führen nicht zum Leben, sondern zum Tod. »Wer sein Leben erhalten will, der wird es verlieren.« Das ist Tatsache. Wollen wir sie uns nicht zeigen lassen?

2. Der Weg Jesu

Aber gibt es denn überhaupt etwas anderes? Gewinnen wir denn im Ernst bei Jesus das Leben? Kommen wir bei ihm zum wirklichen Leben, zur wirklichen Größe? Hier droht eine

Klippe. Ein junger Mann, dem Christentum völlig fernstehend, geht ganz in der Musik auf. Als Musikstudent kommt er zur Bekehrung zu Jesus. Er bricht sein Studium sofort ab und sucht einen Dienst in der Gemeinde Jesu. Die Gemeinde macht es ihm nicht leicht. Sie stellt ihn zunächst als Arbeiter auf dem Friedhof an; dann darf er Theologie studieren. Auf einer Rüstzeit für Studenten geht es ihm dann unter der Verkündigung auf: Ich war ja im Grunde noch der alte geblieben, der, der »sein Leben erhalten« wollte; es war nur an die Stelle, an der früher die Musik stand, Jesus getreten. Jesus sollte jetzt mein Leben sichern und erfüllen; Jesus wurde das Mittel für mein Ich. Und nun erst kam für diesen Studenten die wirkliche Erlösung, die Lösung vom Ich, das neue Leben in der Hingabe an Jesus.

Immer wieder gibt es dies große und gefährliche Mißverständnis. »Werde ich bei Jesus glücklich?« »Geht es nicht auch ohne Jesus?« Das sind die bezeichnenden Fragen derer, die noch das eigene Leben gewinnen und sichern wollen. Jesus hat ihr Schicksal geschildert, wenn sie mit dem Christentum in Berührung kommen: »Die aber auf dem Fels sind die: wenn sie es hören, nehmen sie das Wort in Freuden an. Doch sie haben nicht Wurzel; eine Zeitlang glauben sie, und zur Zeit der Anfechtung fallen sie ab« (Luk. 8,13). Wenn das Leben bei Jesus nicht »glücklich macht« und sich als ganz und gar nicht »gesichert« herausstellt, dann ist die Enttäuschung groß, und Jesus wird verbittert verlassen.

Jesus meint aber auch nicht einfach den Verzicht auf Lebensgewinn und Lebensgenuß als solchen, also das, was wir »Askese« nennen. Er stellt dem reichen Mann und dem reichen Kornbauer nicht den Mönch entgegen. Denn auch im Mönch kann noch das Ich regieren und seine Sicherheit und seine Größe suchen. Askese und Mönchtum ist nicht seinem Wesen nach »christlich«. Askese und Mönchtum finden wir darum schon vor dem Christentum und abseits vom Christentum in vielen Formen. Gewiß, es kann auch auf dem Wege ins Mönchtum hinein echte Nachfolge geben und hat es immer wieder gegeben, und dies weit eher dort als auf den Wegen bürgerlicher Lebensbehaglichkeit. Aber es geht Jesus um etwas anderes als Askese. Jesus selbst hat darum nicht als »Asket« gelebt. Seine Gegner konnten ihm nachsagen: »Siehe, wie ist der Mensch ein Fresser und Weinsäufer, der Zöllner und Sünder Geselle« (Matth. 11,19). Jesus hat darum nicht einfach gesagt: »Wer sein Leben verliert, der findet es.« Er hat immer hinzugesetzt: »Wer sein Leben verliert um meinetwillen, um des Evangeliums willen.« Es geht ihm nicht um die Drangabe des Lebens als solche, sondern um die Drangabe in Seinem Dienst und in Seiner Liebe.

So hat er es für sich selbst klargelegt im Wort vom Weizenkorn. Griechen sind nach Jerusalem gekommen und suchen Verbindung mit Jesus. Öffnet sich hier nicht für Jesus der Weg zum Leben, zur Macht und zur Größe? Entrinnt er hier nicht den engen Verhältnissen Palästinas, den erbitterten Feinden, den ewig mißverstehenden Juden? Wird er nicht bei den Griechen draußen die herrliche Wirksamkeit bekommen? Nein! »Wenn das Weizenkorn nicht in die Erde fällt und erstirbt, so bleibt's allein; wenn es aber erstirbt, so bringt es viel Frucht« (Joh. 12,24). Also nicht sterben um des Sterbens willen; aber das In-die-Erde-fallen und Sterben auf sich nehmen als einen notwendigen Vorgang beim Ausgesätwerden und Aufkeimen! Daraus wächst »viel Frucht«. Da entsteht neues Leben und wird so das Leben sinnvoll und erfüllt. Aber gerade nur dadurch, daß es nicht mehr sich selbst sucht und nicht mehr in sich selbst sinnvoll und erfüllt sein will! Das stellt Jesus darum dem Wünschen und Streben seiner Jünger entgegen: »Denn auch des Menschen Sohn ist nicht gekommen, daß er sich dienen lasse, sondern daß er diene und gebe sein Leben zu einer

Erlösung für viele« (Mark. 10,45). Das ist »Jesus selbst«. »Ich aber bin unter euch wie ein Dienender« (Luk. 2,27). Und nun müssen wir wieder still werden und uns Zeit nehmen und Jesus selbst sehen, wie ihn Paulus in Phil. 2,5 ff gezeichnet hat. Jesus ist noch ganz anders ein »reicher Mann«. Er lebte wirklich alle Tage seiner vorweltlichen Ewigkeit »herrlich und in Freuden«, in der Herrlichkeit des Vaters, in der Wonne ewiger Liebe. Aber »ob er wohl in göttlicher Gestalt war, nahm er's nicht für einen Raub, Gott gleich zu sein, sondern entäußerte sich selbst«. Er gab fort, er übte die große »Askese«, gegen die das Tun eines Franz von Assisi und anderer ein Nichts ist. Aber er tat es nicht um der Askese willen, sondern um »Knechtsgestalt anzunehmen« und »die Sklavenschürze der Demut (des Dienemutes) umzubinden« (1. Petr. 5,5, in wörtlicher Übersetzung; Joh. 13,2 ff). Er war der einzige, der ein wirkliches »Recht« hatte, der einzige, der in voller Wahrheit sagen konnte: »Mein Recht!« und niemand im Himmel und in der Hölle hätte widersprechen können. Er war der »Herr der Herrlichkeit« (1. Kor. 2,8), voll einer wahren und berechtigten »Ehre«. Er aber gab sein Recht preis, er ließ sich seine Ehre nehmen, bis er nackt und bloß als Verbrecher zwischen Verbrechern verlassen und verhöhnt am Kreuz starb. Halte still und sieh das an! Sieh es wieder und wieder an. Sieh Jesus selbst!

Aber noch einmal: Jesus tat das nicht als »Asket«. Er tat es als »Diener«. Er tat es alles für – uns! Wir werden davon noch eingehend sprechen müssen. Jetzt wollen wir nur die Tatsache sehen.

Und wir wollen sehen: dies ist tatsächlich der Weg zum Leben und zur Größe! Welch ein wahres »Leben« ist das Leben Jesu gewesen. Wie lebt Jesus bis heute und dehnt sein Leben immer weiter und weiter aus. Welch unermeßliche Frucht ist aus diesem Weizenkorn entstanden, das sich in die Erde werfen ließ und starb. Wie »groß« wurde Jesus! Aber gerade nicht in jener falschen Größe derer, die sich vergeblich Pyramiden und Prunkgräber bauen, um auch nach dem Tode »groß« zu bleiben. Jesus ist nicht einer der berühmten Männer der Weltgeschichte, von deren zeitbedingten und zeitgebundenen Leistungen man achtungsvoll hört. Jesus ist der tatsächliche Befreier und Lebensspender, vor dem Schwarze und Weiße, Braune und Gelbe in seliger freier Hingabe knien und ihm danken und ihm gehören. Es ist anschaulich vor unser aller Augen: der Weg Jesu hat zum Leben und zur Größe geführt!

Am Ende der Weltgeschichte wird es in strahlender Klarheit vor dem Weltall erwiesen sein, wenn »in dem Namen Jesu sich beugen werden aller derer Knie, die im Himmel und auf Erden und unter der Erde sind, und alle Zungen bekennen werden, daß Jesus Christus der Herr sei zur Ehre Gottes, des Vaters« (Phil. 2,10.11). Warum wurde Jesus so groß, so lebensvoll, so herrlich? Sein Apostel sagt es gerade an dieser Stelle: »Darum hat ihn auch Gott erhöht und ihm den Namen gegeben, der über alle Namen ist.« Darum, weil Jesus es nicht für einen Raub hielt, Gott gleich zu sein; darum, weil er sich entäußerte, darum, weil er Knechtsgestalt annahm, darum, weil er den Gehorsamsweg bis in den Tod, bis in den Kreuzestod hinein ging.

Und nun fragt Jesus seine Jünger und fragt jeden von uns: Willst du es nicht endlich begreifen und zu mir kommen auf diesen meinen Weg? Mit dem Gewinnen und Erhalten und Sichern des Lebens hast du es doch nun jahrelang probiert, was ist dabei herausgekommen, was hat deine Ich-Angst um dein Recht und deine Ehre erreicht? Wohin bist du mit dem offenen oder versteckten Streben nach Größe gelangt? Ist dir dein Bankrott noch nicht groß genug? Willst du nicht endlich wagen, mein Wort zu hören und meinen Weg zu gehen?

Wir ahnen jetzt, was »Bekehrung« zu Jesus heißt, wie radikal sie in unser tatsächliches Leben hineinschneidet und eine Wende unserer ganzen Lebensrichtung bedeutet. Der reiche Mann, der reiche Kornbauer, die herrschenden Fürsten, das sind von Natur unsere Leitbilder. Und nun heißt es: »Aber so soll es nicht sein unter euch; sondern wer groß sein will unter euch, der sei euer Diener, und wer unter euch will der Erste sein, der sei aller Knecht. Denn auch des Menschen Sohn ist nicht gekommen, daß er sich dienen lasse, sondern daß er diene und gebe sein Leben zu einer Erlösung für viele« (Mark. 10,43–45).

Nun müssen wir wieder das einsame Gespräch mit Jesus suchen, damit er uns konkret zeigt, wo wir in unserem Leben noch etwas festhalten und unser Leben erhalten wollen, wo wir in unserem Leben versuchen, obenauf zu sein, unsere eigene Ehre und unser Recht irgendwie durchzusetzen. Das ist vielleicht mehr der Fall, als wir denken. Laßt doch Jesus heute darüber mit uns reden, ganz konkret und bestimmt. Dann kann Jesus so mit uns sprechen, daß wir im Blick auf ihn und überwunden von seiner Liebe und Herrlichkeit es wagen, loszulassen. Wie herrlich wäre es, wenn »Erlösung« endlich aufhörte, ein bloßer dogmatischer Begriff zu sein oder nur in der Vergebung vergangener Sünden zu bestehen, wenn wir es vielmehr erfahren würden, daß Erlösung sich sehr real darin vollzieht: ich bin ein Stück Ich-Angst und Ich-Gier losgeworden in der Begegnung mit Jesus selbst.

Freilich, durch den Sündenfall und die damit herbeigeführte Ich-Einsamkeit sitzt das Erhaltenwollen unseres Lebens so tief in uns, daß es einer mächtigen Lösung und Erlösung bedarf, wenn wir davon loskommen wollen. Damit werden wir schon zum nächsten Kapitel hinübergeführt. Jesus der Sohn hat vor uns gestanden, Jesus der Anwalt unseres Nächsten, Jesus der Weg zum Leben und zur Größe. Wir Menschen um Jesus her sind aber alle total anders, verdorben, gebunden, entstellt. Es hilft uns noch nichts, wenn in Jesus der vor uns steht, der uns das wahre Leben zeigt. Das richtet und beschämt uns vielleicht, aber es rettet uns noch nicht. Was tut Jesus mit den Menschen, die er auf ihren verkehrten Wegen in den Tod eilen sieht? Jesus vergibt, Jesus heilt und Jesus befreit!

V. JESUS – DAS IST DIE VERGEBUNG
DER SÜNDE

Die große Not evangelischer Gemeinden und Kirchen ist eine Inflation von billiger Sündenvergebung. Wir hören von der Vergebung fortwährend im Kirchenlied, in der Liturgie, in der Predigt, in der Beichte, im Abendmahl. Aber es liegt eine merkwürdige Unsicherheit darüber. Kaum ist uns die Vergebung zugesprochen, so beklagen wir schon wieder unsere Sünde und bitten um Vergebung. Man scheint diese Vergebung nie wirklich zu bekommen. Darum herrscht in unsern Kirchen auch nie jene Freude, wie sie um Jesus her bei den Mahlzeiten mit den Zöllnern und Sündern war und wie sie uns noch in Luthers »Nun freut euch, lieben Christen gmein« entgegenklingt. Vergebung der Sünden scheint einerseits nie wirklicher Besitz zu werden, dessen man sich freuen kann, und scheint anderseits auch nichts »Besonderes« zu sein, dessen man sich so sehr freuen müßte. Das liegt an unserm falschen Verständnis der Sünde (vgl. Seite 29 ff). Unsere »Sünden« sind uns einzelne Entgleisungen bei grundmäßig netten und guten Menschen, einzelne Flecken an sonst »sauberen Westen« (nur einzelne »böse Menschen«, die es leider Gottes gibt, sind anders; aber da kann von Vergeben selbstverständlich keine Rede sein). Schön, daß der liebe Gott diese Entgleisungen nicht zu tragisch nimmt, schön, daß man diese Flecken loswerden kann. Aber das ist doch kein Grund zu stürmischer Freude!

Auch das Vergeben Jesu sehen wir zunächst so falsch. Wir machen uns ein Zerrbild der Pharisäer zurecht, dieser heuchlerischen Frommen, die die armen »Zöllner und Sünder« hartherzig und ungerecht verurteilen. Jesus aber sieht mit freundlichem Blick auf das Gute auch in den »Sündern« und vergibt ihnen darum, was sie in ihrem Leben falsch gemacht haben. So ist die Vergebung der Sünden für uns beinah etwas, auf das wir einen Anspruch haben. Denn auch für unsere Fehler und Sünden gibt es so viele Entschuldigungen und verständliche Gründe. »Vergebung der Sünden« heißt dann: nimm die Irrungen und Wirrungen deines Lebens nicht so tragisch, Gott weiß ja, daß du es eigentlich gut gemeint hast, Gott weiß, daß eigentlich nur die Verhältnisse schuld sind oder andere Menschen. Darum sagt auch Gott »Schwamm darüber«.

Rätselhaft bleibt dann nur, wozu wir überhaupt Jesus nötig haben sollen. Das finden wir doch unmittelbar beim »Vater im Himmel«. Rätselhaft, warum die Kirche das mit so schrecklichen Dingen wie dem Kreuzestod und dem Blut Jesu in Verbindung bringt. Der Vater im Himmel muß doch nicht erst Blut sehen, damit er vergeben kann! Rätselhaft freilich auch, warum uns dies Vergeben so schwer fällt, sobald uns selber Unrecht angetan wird. Hier will das gütige Verstehen der »Entgleisungen« und das freundliche »Schwamm darüber« gar nicht gelingen. Hier kommt es zu jener merkwürdigen Haltung, die wir hier und da auch unverblümt aussprechen: »Vergeben will ich es dir, aber vergessen kann ich es nicht.« Das ist ein Vergeben, das gar kein wirkliches Vergeben ist. Vermuten wir darum auch ein solches unwirkliches Vergeben bei Gott und kommen deshalb nie zur Gewißheit und zur Freude?

Nun müssen wir alle diese gewohnten Meinungen und Vorstellungen hinter uns lassen und mit ganz neuem und offenem Blick Jesus selbst sehen. Welch einen unbegreiflichen Gegensatz erblicken wir da. Wir denken zurück an alles, was wir lasen. Mit einer Radikalität, die uns den Atem verschlug, forderte Jesus, der Sohn, die ganze Hingabe an Gott. Er zeigte uns, wie schon der begehrliche Blick auf die fremde Frau, das kurze ärgerliche Scheltwort gegen den Bruder nicht ein harmloser Fleck auf einem sonst ganz guten Menschen ist, sondern die Verletzung der Liebe und darum eine tödliche Verkehrung unseres Wesens und eine Entzweiung mit dem Willen Gottes, die uns in die Hölle bringt. Wir sollten von daher meinen, die ernsten und strengen Frommen damals hätten sich um Jesus geschart: »Meister, du bist noch viel strenger als wir, du bist unser Mann!« Die andern aber, die »Zöllner und Sünder«, die Menschen, die offenkundig fern von Gott und in allerlei bösen Dingen lebten, wären Jesus weit aus dem Weg gegangen: Das ist ja ein schrecklicher Mann, dieser Jesus; wir fürchten und wir hassen ihn. Aber es zeigt sich erstaunlicherweise gerade das Umgekehrte. Die frommen Kreise Israels stehen zu Jesus im Abstand und fangen an, ihn mehr und mehr zu fürchten und zu hassen, und die »Zöllner« und »Sünder« drängen sich um ihn und lieben ihn. Wie ist das möglich?

Aber auch bei Jesus selbst und in seinem Verhalten finden wir den gleichen Widerspruch. In den Weherufen des mächtigen 23. Kapitels des Matthäus-Evangeliums heißt es nicht: »Wehe euch, ihr Weltmenschen! Weh euch, ihr Atheisten! Weh euch, ihr Ehebrecher und ihr leichtfertigen Frauen! Weh euch, ihr gottvergessenen Schieber!« Es heißt vielmehr wieder und wieder: »Weh euch, Schriftgelehrte und Pharisäer!« Und das wird von Jesus konkret in der Begegnung mit den Menschen durchgeführt. Für die Pharisäer und Schriftgelehrten, also für die ernsten Frommen seiner Umgebung, hat Jesus den Weheruf, für die Zöllner und Sünder hat er die volle Tischgemeinschaft; auch die Frau, auf frischer Tat des Ehebruchs ertappt, verurteilt er nicht (Joh. 8,11). Jesus verwirft alles Schätzesammeln als Abgötterei; aber zur Empörung der ganzen Stadt Jericho sagt er ausgerechnet zu Zachäus, dem Oberzöllner, dem Geldmenschen: »Ich muß heute in deinem Hause einkehren« (Luk. 19,5). Unsere Gerechtigkeit muß nach Jesu Wort »besser sein als die der Schriftgelehrten und Pharisäer« (Matth. 5,20), sonst kommen wir in Gottes Reich nicht hinein. Aber wenn der verdorbene Sohn, der sein Gut mit leichtfertigen Frauen verpraßt hat, in seinem Hunger ankommt, da sieht Jesus ihn schon von fern und läuft ihm entgegen, fällt ihm um den Hals und küßt ihn, und von Schuld wird nicht mehr gesprochen. Das gerade ist »Jesus selbst«, diese unbegreifliche, widerspruchsvolle Einheit von äußerster Klarheit und Schärfe im Urteil über die Sünde und von schrankenloser Liebe gegen die Sünder.

Wie kommt es zu diesem Widerspruch im Verhalten Jesu? Wir dürfen von dieser Paradoxie nichts abschwächen. Wir müssen es aushalten, daß sie uns heutige Fromme empfindlich trifft, weil wir unwillkürlich anders sind und es anders machen als Jesus. Es liegt keinesfalls daran, daß Jesus die Sünde leicht nimmt. Im Gegenteil. Es liegt daran, daß Jesus die Sünde, auch die »kleine Sünde«, auch schon das ungute Wort, den unreinen Blick, in ihrer ganzen Tödlichkeit erkennt! Hier ist etwas im Wesen des Menschen in Unordnung geraten. Wer den Bruder schilt, wer den anderen Menschen zum Objekt seines Begehrens macht, der »liebt« nicht, und wer nicht liebt, ist nicht mehr der Mensch Gottes und lebt nicht mehr wahrhaft. »Sünder« sind nicht gute Leute mit einigen häßlichen Flecken, sondern im Ernst verlorene Leute, Menschen, die den Tod in sich tragen und dem ewigen Tod verfallen sind. Darum steht Jesus vor den Sündern wie ein Arzt vor den Pestkranken oder Aussätzigen. Hier gilt nur eins: retten! So denkt der Arzt, nicht weil er die Krankheit leicht nimmt, sondern weil er ihre ganze Schwere sieht und durchschaut. »Die Starken bedürfen des Arztes nicht, sondern die Kranken.« »Ich bin gekommen, die Sünder zu rufen und nicht die Gerechten« (Matth. 9,12–13).

Darum aber kann »Vergebung« niemals das sein, was wir daraus gemacht haben. Es ist nicht ein freundliches Wort, ein bloßes »Schwamm drüber«. Von vornherein ist es und muß es sein ein »Retten«, ein »Heilen«, ein »Befreien«. Und von vornherein wird klar: Vergebung ist wirksames Handeln gleich dem Tun des Arztes. Das wird uns anschaulich in dem Bericht über Jesus und den Gelähmten. »Da trat er in das Schiff und fuhr wieder herüber und kam in seine Stadt. Und siehe, da brachten sie zu ihm einen Gichtbrüchigen, der lag auf einem Bette. Da nun Jesus ihren Glauben merkte, sprach er zu dem Gichtbrüchigen: Sei getrost, mein Sohn, deine Sünden sind dir vergeben. Und siehe, etliche unter den Schriftgelehrten sprachen bei sich selbst: Dieser lästert Gott. Da aber Jesus ihre Gedanken merkte, sprach er: Warum denkt ihr so Arges in euren Herzen? Was ist leichter, zu sagen: Dir sind deine Sünden vergeben, oder zu sagen: Stehe auf und wandle. Auf daß ihr aber wisset, daß des Menschen Sohn Vollmacht hat, auf Erden die Sünden zu vergeben – sprach er zu dem Gichtbrüchigen: Stehe auf, hebe dein Bett auf und gehe heim! Und er stand auf und ging heim. Da das Volk das sah, fürchtete es sich und pries Gott, der solche Macht den Menschen gegeben hat« (Matth. 9,1–8).

Zunächst stehen wir hier noch einmal vor der »Paradoxie« bei Jesus. Er verhält sich so, daß er in den Augen der Frommen ein »Gotteslästerer« wird. Da liegt der Gelähmte, der Sünder, den Gottes Strafe sichtbar geschlagen hat. Jesus aber sagt: »Sei getrost, mein Sohn, deine Sünden sind dir vergeben.« Jesus spricht diesen Schuldigen einfach frei. Ist er damit nicht ein »Gotteslästerer«? Denn entweder ist das Wort Jesu nur eine tröstliche Redensart ohne letzten Ernst, dann spielt er mit dem Heiligen. Oder es ist mit diesem Freispruch letzter Ernst, dann nimmt Jesus für den Sünder gegen Gott Stellung, greift in Gottes eigenes Recht ein und fällt Gottes gerechtem Gericht in den Arm.

Wie tief muß Jesus, den Sohn, dessen Herz für den Vater und seine Ehre brannte, dieser Vorwurf getroffen haben! Aber wie kann er ihn abwehren? Er tut es mit einer seltsamen Frage: »Welches ist leichter zu sagen: dir sind deine Sünden vergeben; oder zu sagen: stehe auf und wandle?« Wenn wir diese Frage irgendwelchen Gemeindegliedern oder den Kindern in der Christenlehre vorlegen, dann ist die Antwort selbstverständlich und klar: »Dir sind deine Sünden vergeben«, das sagen Tausende von Pastoren immerzu. Das ist offenbar doch außerordentlich leicht. Aber »Stehe auf und wandle«, das sagt keiner, das ist zu schwer. Hier kommt ans Licht, was wir oben über unsere Auffassung vom »Vergeben« sagten. Jesus dagegen weiß, was »Sünde« ist, ebenso schrecklich und zerstörend und lähmend wie die Krankheit, die diesen Mann hier befallen hat. Sünde im Leben aufdecken, das ist gar nichts anderes, als wenn der Chirurg den Leib eines Patienten öffnet und sieht: Alles schon durchwuchert vom Krebs. Sünde ist durchwuchernde, zerstörende, tötende Macht. Darum fordert ihre tatsächliche Vergebung ein Eingreifen, das der rettenden Operation des Arztes gleicht. »Dir sind deine Sünden vergeben«, das ist ebenso schwer zu sagen, wie »Stehe auf und wandle«. In beiden Fällen ist eine Brechung der Unheilsmacht, ein Wegnehmen von tödlichen Fesseln und ein Heilen, ein Wiederherstellen nötig. Sündenvergebung ist ebenso ein mächtiges Lösen wie das Heilen dieses gelähmten Körpers. Es gehört »Macht« dazu, aber es geschieht dann auch wirklich »auf Erden«, unter uns, in voller Wirklichkeit.

Und jetzt verstehen wir auch ganz praktisch, warum wir das

Wort von der Vergebung in den Kirchen bis zum Überdruß hören können und warum wir trotzdem, wenn wir die Menschen, die aus der Kirche kommen, fragen: »Hast du Vergebung der Sünden?« kein klares, jubelndes Ja! zur Antwort bekommen. Es ist in Wirklichkeit gar nichts an ihnen geschehen. Sündenvergebung als ein Wort, das gesagt wird, als ein Gedanke, den ich in meinen Kopf hineinfasse, ist in der Tat nichts. Die Menschen laufen als die belasteten und gebundenen Menschen weiter umher zu Tausenden und Hunderttausenden. Darum haben es dann manche mit solchem Staunen erfahren, was wirkliche Sündenvergebung ist: eine Machttat Jesu, mit der die Lasten tatsächlich weggenommen und die Ketten wirklich zerrissen und Menschen innerlich geheilt wurden. Wer das noch nicht erfahren hat, der erfahre es doch heute noch! Jesus ist da, Jesus selbst, der die Macht hat, heute und jetzt die Frage unserer Schuld und Sünde zu lösen. Dann wird es wahr, was im Katechismus steht: »Denn wo Vergebung der Sünden ist, da ist auch Leben und Seligkeit.« Das Ergebnis, die faktische »Erlösung« und »Heilung« steht bei dem Geldmenschen Zachäus sichtbar vor uns. »Und er zog hinein und ging durch Jericho. Und siehe, da war ein Mann, genannt Zachäus, der war ein Oberster der Zöllner und war reich. Und er begehrte, Jesus zu sehen, wer er wäre, und konnte nicht vor dem Volk, denn er war klein von Person. Und er lief voraus und stieg auf einen Maulbeerbaum, auf daß er ihn sähe; denn allda sollte er durchkommen. Und als Jesus kam an die Stätte, sah er auf und sprach zu ihm: Zachäus, steig eilend hernieder; denn ich muß heute in deinem Hause einkehren. Und er stieg eilend hernieder und nahm ihn auf mit Freuden. Da sie das sahen, murrten sie alle und sprachen: Bei einem Sünder ist er eingekehrt. Zachäus aber trat vor den Herrn und sprach: Siehe, Herr, die Hälfte meiner Güter gebe ich den Armen, und wenn ich jemand betrogen habe, das gebe ich vierfältig wieder. Jesus aber sprach zu ihm: Heute ist diesem Hause Heil widerfahren, denn auch er ist Abrahams Sohn. Denn des Menschen Sohn ist gekommen, zu suchen und selig zu machen, was verloren ist« (Luk. 19,1–10). Wenn wir Zachäus doch vor seiner Begegnung mit Jesus kennengelernt hätten! Er war wirklich ein unerfreulicher Mann, ein hoffnungsloser Fall. Bei einem Gespräch mit ihm hätten wir es bald deutlich genug zu hören bekommen: »Geht mir doch weg mit eurer frommen Salbaderei! Es zu etwas bringen, vorankommen, sich etwas leisten können, über den andern stehen, meintwegen auch durch ganzen oder halben Betrug, das ist das Vernünftige. Geld ist die einzige Realität in dieser Welt. Gott? Ewigkeit? Das sind Märchen, mit denen man die Dummen fängt.« Und ausgerechnet – Jericho hat ja darüber Kopf gestanden, in den frommen Kreisen dort hat man an diesem Tage seiner Entrüstung sehr laut Luft gemacht – ausgerechnet zu diesem Mann sagt Jesus: »Ich muß heute in deinem Hause einkehren.«

Aber dann ist das Wunder geschehen. Gerade an diesem Manne sehen wir, was erfahrene Vergebung heißt: wirkliche Heilung und tatsächliche Befreiung. Denn Zachäus ist doch geheilt, so wirklich, wie der Gelähmte aufstehen, sein Bett nehmen und heimgehen konnte. Zachäus ist vom Geld frei. Er geht hin und gibt von seinem Geld verschwenderisch weg. Ja, er ist geheilt, er ist so frei, daß er es wagt, Menschen aufzusuchen und ihnen zu sagen: »Ich habe euch betrogen, hier gebe ich es euch vierfältig wieder.«

Genauso müssen wir auch Jesu Haltung der Ehebrecherin gegenüber verstehen. Wie kann Jesus, der schon einen begehrlichen Blick verurteilt, diese Frau mit ihrer handgreiflichen Schuld nicht verwerfen? »Jesus aber sprach: So verdamme ich dich auch nicht; gehe hin und sündige hinfort nicht mehr« (Joh. 8,11). »Sündige hinfort nicht mehr!« – das ist ein Machtwort, ein schöpferisches Wort, ein Wort, das diese Frau von ihren Begehrlichkeiten und Bindungen löst und reinigt. Als ein neuer Mensch geht sie von Jesus fort.

Wir müssen noch eine andere Seite der »Sünde« und des »Vergebens« sehen. Alle Sünde zerreißt die Gemeinschaft. Das ist schon unter uns Menschen so. Das böse Wort, das zugefügte Unrecht, die eheliche Untreue, das liegt nun wie ein Felsblock zwischen Menschen. Daher jenes hilflose Wort: Vergeben will ich schon, aber vergessen kann ich nicht. Bloße Worte, auch unsere üblichen Vergebungsworte, können den Felsblock nicht beseitigen. Wer trägt diesen schweren Stein aus dem Wege? Sünde zerreißt aber auch und erst recht die Gemeinschaft mit Gott. Der Riß vertieft sich ständig von beiden Seiten her. Gott sagt Nein zu dem Schuldigen. Und weil der Schuldige dieses Nein und sein tiefes Recht spürt, flüchtet er sich in das eigene Nein gegen Gott, in den Trotz, in den Spott, in die Gottesleugnung. Gegen diese vertiefte Sünde ergeht das vertiefte Gericht Gottes. Echte Vergebung aber ist die Heilung dieses Risses, die volle Wiederherstellung der zerbrochenen Gemeinschaft, die Wiederaufnahme des Schuldigen in die ganze Liebe und Verbundenheit. Das aber ist mit noch so schönen Worten nicht getan, das kann nur ein mächtiges Geschehen wunderbarer Art sein. Das ist es vollends zwischen Gott und Mensch. Die Gegner Jesu hatten schon recht: Es war unerhört, wenn Jesus behauptete, zwischen diesem Gelähmten und Gott sei alles wieder gut, ein Zachäus sei ein rechter »Abrahams Sohn«. Das ist keine selbstverständliche und einfache Sache. Es ist ein einzigartiges Wunder oder es ist »Gotteslästerung«.

Jesus aber vollzieht dieses Wunder. Darum diese Zöllnermahlzeiten, dieses »An-einem-Tisch-Sitzen« mit den Zöllnern und Sündern, diese handgreifliche, liebevolle Gemeinschaft. Ganz deutlich wird es im Gleichnis vom verlorenen Sohn. Da heißt das Vergeben nicht: Der Vater dreht sich zu ihm herum und sagt: »Du hast ja nun gesehen, wohin du mit deinem ganzen Benehmen gekommen bist, du hast hoffentlich genug davon. Wenn du jetzt hierbleiben willst, will ich es noch einmal mit dir versuchen. Aber sei dir bewußt, wer du bist, und nimm dich zusammen!« Nein, so ist es nicht! sondern: »Da er noch ferne von dannen war, sah ihn sein Vater, und es jammerte ihn, lief und fiel ihm um seinen Hals und küßte ihn. Der Sohn aber sprach zu ihm: Vater, ich habe gesündigt gegen den Himmel und vor dir; ich bin hinfort nicht mehr wert, daß ich dein Sohn heiße. Aber der Vater sprach zu seinen Knechten: Bringt schnell das beste Kleid hervor und tut es ihm an und gebt ihm einen Fingerreif an seine Hand und Schuhe an seine Füße; und bringt das Kalb, das wir gemästet haben, und schlachtet's; lasset uns essen und fröhlich sein. Denn dieser mein Sohn war tot und ist wieder lebendig geworden; er war verloren und ist gefunden worden. Und sie fingen an, fröhlich zu sein« (Luk. 15,20–24). Das ist Vergebung! Das ist die volle, warme Wiederaufnahme in die ganze Liebe, in die ganze Gemeinschaft, in alle Kindesrechte. Es ist alles voll Sonne und Freude. Wenn wir das begreifen würden, was Vergebung bei Jesus heißt, was würden wir für strahlende, für selige, für überwältigte Leute sein! Daß wir es nicht sind, daß wir diese ängstlichen, unsicheren, kühlen Christen sind, das kommt daher, weil wir noch nicht wirklich Vergebung der Sünden erlebt haben. Und das ist es, was eine »Erweckungsbewegung« kennzeichnet, daß da die Sünde in ihrer Unerträglichkeit wieder gespürt wird, daß die Menschen noch spät nachts oder am frühen Morgen kommen und nach Vergebung, nach wirklicher Vergebung dürsten. Ja, das können auch Kinder erleben, wie ein zehnjähriger Junge bei einer Kinderevangelisation zu der Evangelistin sagte: »Mich müssen Sie zuerst drannehmen, ich halte es nicht mehr aus mit meiner Sünde.« Aber dann kommt auch das Erfahren erlösender Errettung und darum das Jubeln, die tiefe und brennende Freude: »Welch Glück ist's, erlöst zu sein, Herr, durch dein Blut.«

Wenn dieses das Vergeben Jesu ist, wie kann er dieses Wunder fertigbringen? Wir sagen als Christen sofort: das hat Christus durch sein Kreuz und durch sein Blut getan. Wir werden in der Tat von Jesus als dem Gekreuzigten ausführlich reden müssen. Aber jetzt wollen wir doch darauf achten: jenem Gelähmten hat Jesus kein Wort vom Kreuz gesagt, auch nicht dem Zachäus, auch nicht der großen Sünderin. Ja, mit Zachäus hat er nicht einmal von »Vergebung« gesprochen; das Wort Vergebung kommt in Luk. 19 gar nicht vor! Die große Sünderin besitzt tatsächlich Jesu Vergebung in überströmender Freude, ihr »sind viele Sünden vergeben«, ehe es ihr Jesus dann noch einmal ausdrücklich sagt: »Dir sind deine Sünden vergeben« (Luk. 7,42.43). Und wenn es sich begab, »daß er zu Tische saß im Hause, siehe, da kamen viele Zöllner und Sünder und saßen zu Tische mit Jesus und seinen Jüngern« (Matth. 9,10), so ist dort für eingehende Beichtgespräche und feierliche Absolutionen kein Platz. Das Essen und Trinken mit Jesus, die Tischgemeinschaft mit ihm, ist in sich selbst die Vergebung, die Heilung des Risses, die Aufnahme in die Gemeinschaft mit Gott.

Darum haben wir schon in der Überschrift dieses Kapitels formuliert: »Jesus selbst – das ist die Vergebung der Sünde.« So wie Jesus in seiner Person der Weg und die Wahrheit und das Leben ist und in seiner Person die Auferstehung und das Leben, so ist er in seiner Person auch die Vergebung der Sünden. Als Jesus den Zachäus auf dem Baum ansah und zu ihm sagte: »Ich muß heute in deinem Hause einkehren«, da geschah es alles in einem Augenblick. Vor Jesus sah Zachäus sein elendes, armes, verfehltes Leben mit aller seiner Schuld, er sah es in Jesu Wort schon als ein vergebenes, ausgelöschtes, aber er sah in Jesu Liebe seine Freiheit, sein neues Leben.

Das ist auch für uns das Entscheidende, daß wir so Jesus selbst begegnen. Alle noch so zutreffenden Darlegungen über unsere Sünden helfen uns noch nicht zur lebendigen und wirklichen Reue. Alles Hören von Vergebung löst nicht tatsächlich unsere Fesseln und macht uns nicht froh und selig. Nur bei der Begegnung mit Jesus selbst liegt in seinem Licht unser Leben in seiner unerträglichen Häßlichkeit und Gebundenheit vor uns, und Scham und Schmerz brechen auf. Zugleich aber erfahren wir in dem zu uns tretenden Jesus die rettende Liebe, die alle Fesseln sprengt, den Riß heilt und die neue Gemeinschaft mit Gott schenkt. Wie sich diese Begegnung mit Jesus selbst vollzieht, das bleibt das Geheimnis jedes einzelnen Menschenlebens. Aber immer ist es »Jesus selbst«, der ganze Jesus, wie wir ihn als den Sohn, als den Anwalt unseres Nächsten, als den Weg zum Leben und zur Größe und in dem allen als das aufdeckende Gericht über unser Leben kennengelernt haben. Das alles kann blitzartig in einem einzigen Moment, in einem einzigen Wort Jesu aufleuchten und unser Leben herumreißen. Oder es kann nach langem Suchen und Fragen und Forschen uns aufgehen und endlich zum Gericht über unser Leben und zum Beginn eines neuen Daseins führen. Daß es nur tatsächlich geschieht und uns aus dem Tode zum Leben bringt!

Aber wir können diesen Abschnitt nicht beenden, ohne noch einmal an den Konflikt Jesu mit den »Pharisäern und Schriftgelehrten« zu denken, der menschlich gesehen ihm den Tod einbrachte. Warum verläuft die »Begegnung Jesu« mit den Frommen seiner Zeit – auch oft genug mit den Frommen und Gerechten aller Zeiten – so ganz anders als die Begegnung mit Zachäus, mit der Ehebrecherin, mit der großen Sünderin? Auch die »Zöllner und Sünder« wehren sich lange genug gegen Gott, manchmal mit bitterem Hohn und Spott über alle »Religion«, auch sie rechtfertigen und entschuldigen sich selbst. Aber sie wissen dabei doch genau, daß ihr Leben nicht in Ordnung ist. Ihnen fällt es nicht schwer, diese ganze dürftige Maskerade fallenzulassen, wenn Jesu Licht und Liebe zu ihnen kommt. Die »Pharisäer und Schriftgelehrten« sind in ganz anderem Maße »maskiert«. Jesus sah mit wachsender Sorge und wachsendem Zorn, wie hier der Mensch mit seiner Frömmigkeit eine Rolle spielen will vor den Leuten, vor sich selbst und sogar vor Gott. Und eine »fromme« Umwelt bestärkt den Menschen noch darin, weil in ihr Ehre und Ansehen des Menschen auf seiner Frömmigkeit beruht. Nun geht es notwendig in die Schauspielerei hinein. Darum heißt es in den »Weherufen« immer wieder: »Ihr Heuchler!«, wörtlich: »Ihr Schauspieler!« Nun darf man die Wirklichkeit seines Lebens mit all ihrer Verdorbenheit, Lieblosigkeit und Gotteslosigkeit nicht sehen lassen, nun muß man zudecken und übermalen und muß so tun, als ob alles in Ordnung wäre. Nun wird der zum Todfeind, der die Hülle wegreißen und die erschütternde Wahrheit ans Licht bringen will. So wächst der Haß gegen Jesus gerade in den frommen Kreisen des frommen Israel, bis diesem Haß jedes Mittel recht ist, wenn er nur Jesus moralisch und kirchlich und physisch vernichten kann. Nicht von Atheisten, nicht von Heiden, nicht von Sündern, sondern von den Frömmsten der Frommen seiner Zeit wird Jesus dem Kreuzestod ausgeliefert.

Darum bleibt auch für uns die wirkliche Begegnung mit Jesus so schwer, wenn auch wir von Jugend an oder nach einer Bekehrung in einer »frommen« Umwelt leben. Erweckungsbewegungen finden darum ihren zähesten Widerstand in den kirchlich frommen Kreisen. Und selbst Gemeinden, Gemeinschaften und Werke, die einmal aus einer Erweckung hervorgegangen sind, wehren sich gegen neue Erweckungen. Wieviel in uns verriegelt sich gegen neue Begegnungen mit Jesus. Wie, ich angesehener Pastor soll konkret zugeben, daß ich in der Tiefe meines Wesens verdorben bin und allein vom Vergeben

Jesu leben kann? Ich langjährige Diakonisse soll bekennen, wieviel bei mir fromme Schauspielerei gewesen ist und vielleicht heute noch ist? Ich langjähriges Glied im Gebetskreis der Gemeinschaft soll merken lassen, wie es bei mir in Wahrheit aussieht? Ja! Es hängt alles daran, daß die feine Schauspielerei bei uns durchbrochen und die Wirklichkeit unseres Lebens im Licht Jesu offenbar wird. Mit der Buße der innersten, tragenden Kreise der Gemeinde, der Verkünder, Mitarbeiter und Beter fängt die Erweckung an. Das ist das Segenswerk einer ernsthaften Beschäftigung mit Jesus selbst, daß wir im Licht Jesu wieder zu Sündern werden, zu wirklichen Sündern. Denn dann geschieht auch das andere, daß Jesus lauter Liebe, lauter Gnade und Vergebung für uns ist. Keine Sünde muß uns verderben, sie sei so häßlich, so schwer, so blutrot, wie sie wolle. In den ewigen Tod bringt uns der Versuch, unsere Sünde zu leugnen und zu verdecken. Die offen gelegte Geschwulst kann operiert werden, am verharmlosten Krebs geht der Mensch unrettbar zugrunde.

VI. JESUS – DAS IST DIE HEILUNG VON KRANKHEIT

Wenn wir Jesus selbst in den Evangelien aufsuchen, dann finden wir ihn nicht nur unter den Sündern, sondern so, wie Rembrandts berühmtes »Hundert-Guldenblatt« ihn dargestellt hat: umringt von Krankheit und Elend. Jesus und die Kranken, Verkündigen und Heilen, das gehört untrennbar zusammen. Darum steht das »Macht die Kranken gesund« unmittelbar neben dem »Geht hin und heroldet!« (Matth. 10,7–8; Mark. 16,15–18; Luk. 10,9). Zu dem Bild apostolischer Wirksamkeit gehört das Heilen und Helfen in

Jesu Namen. Jesus selbst ist es, der mit der Macht seines Namens durch seine Boten auch heute noch heilt, wie er einst in Galiläa heilte. Petrus schildert seinen Herrn Jesus, »wie Gott diesen Jesus von Nazareth gesalbt hat mit dem Heiligen Geist und Kraft; der ist umhergezogen und hat wohlgetan und gesund gemacht alle, die vom Teufel überwältigt waren; denn Gott war mit ihm« (Apg. 10,38). Ebenso erfahren wir es aus der Wirksamkeit des Paulus in Ephesus: »Und Gott wirkte nicht geringe Taten durch die Hände des Paulus« (Apg. 19,11). Jesus selbst – das ist nicht nur Vergebung der Sünden, sondern auch Heilung von Krankheiten.

Warum ist das so? Wenn wir so fragen, wollen wir dabei festhalten: Tatsachen und Wirklichkeiten sind wichtiger als Erklärungen und Gründe. Wir wollen es ganz neu mit Freude und Dank als Tatsache fassen und für uns selbst Gebrauch davon machen, daß Jesus heilt. Und erst dann wollen wir den Zusammenhängen nachgehen.

Dabei müssen wir los von dem »griechischen« Denken, das uns so tief durchdrungen hat. Für dieses Denken galt: Am Menschen ist das einzig Wichtige und Wertvolle die Seele; der Leib ist lediglich eine äußere Hülle, in der die Seele steckt; ja, er ist fast so etwas wie ein Gefängnis, das sie einschließt. Was mit diesem Leib passiert, geht die Seele wenig an. Schwächung und Zerstörung des Leibes durch Krankheit und Sterben ist geradezu eine Befreiung der Seele. Hinter solchen Gedanken stand die Anschauung, daß die Verleiblichung der Seele als solche eine Art »Sündenfall« war und daß es das hohe Ziel der Seele ist, befreit vom Leib in das geistige Lichtreich heimzukehren.

Ganz anders sieht die Bibel den Menschen. Von vornherein ist er als ganzer Mensch nach Geist, Seele und Leib Gottes gute Schöpfung. Leibhaftigkeit ist nicht Fall und Elend, sondern Leibhaftigkeit ist das Kennzeichen alles geschöpflichen Lebens.

Darum steht am Ziel der Vollendung eine neue *Erde*, auf der Menschen in neuen *Leibern* wohnen. »Auferstehung«, Beschenkung mit einem Herrlichkeitsleib, ist das Wort der biblischen Hoffnung. Wir warten auf den Heiland, Jesus Christus, den Herrn, »welcher unseren nichtigen Leib verklären wird, daß er gleich werde seinem verklärten Leibe nach der Wirkung seiner Kraft, mit der er kann auch alle Dinge sich untertänig machen« (Phil. 3,21).

Ist aber der Mensch so in seiner Ganzheit erfaßt, dann ist »Krankheit« nicht mehr nur ein unwichtiger oder vielleicht gar zu begrüßender Schaden an der beengenden Leibeshülle, sondern eine Entstellung des ganzen Menschen und eine Beeinträchtigung seines ganzen Lebens. Der Mensch sollte nicht krank sein, nicht gelähmt, nicht blind, nicht taubstumm, nicht verkrümmt; er sollte gesund, stark, leistungsfähig in seinen Aufgaben stehen. Wenn die Schwiegermutter des Petrus an Fieber darnieder liegt, kann sie Jesus und seinen Jüngern nicht dienen (Matth. 8,14–15). Darum finden wir im ganzen Neuen Testament nicht ein einziges Wort vom »Segen der Krankheit«. Nicht ein einziges Mal hat Jesus selber einem Kranken gesagt: »Bleibe du nur krank, es ist für dich ein Segen, daß mein Vater dir diese Krankheit gesendet hat.« Auch aus Apostelmund hören wir nie ein ähnliches Wort. Wenn es bei uns anders ist, wenn wir so viel vom »Segen der Krankheit« reden, kommt das nicht aus unserem »griechischen« Denken? Und machen wir hier nicht aus der Not einfach eine Tugend? Weil wir ohnmächtig vor der Krankheit kapitulieren, trösten wir uns schnell damit, sie sei etwas Gutes und Nützliches für uns. Die Unwahrheit in dieser unserer Haltung wird daran sehr deutlich sichtbar, daß wir zugleich alles aufbieten, diesen »Segen« möglichst schnell loszuwerden! In unserer Hochschätzung des Arztes kommt die ursprüngliche, biblische Auffassung des Menschen und seines Lebens ans Licht. Der

Arzt am Krankenbett ist nicht der böse Mann, der uns einen göttlich verordneten Segen wegnehmen will, sondern der gute Helfer, der uns wieder aufrichtet zum freien, tätigen Leben.

So ist Jesus selbst der große Arzt, der nun freilich nicht mit Medikamenten und Messer, sondern unmittelbar mit dem schöpferischen Machtwort heilt. Er ist dies, weil er die Vergebung der Sünden ist. Die leibliche Zerstörung und Entstellung des Menschen hängt mit seinem Fall von Gott, mit seiner Sünde zusammen. Nicht so moralistisch-mechanisch, wie wir es gern sehen möchten. Es ist durchaus nicht immer eine bestimmte Krankheit Folge und Strafe einer bestimmten Sünde. Bei jenem »Paralytiker« in Matth. 9 mag ein sehr enger Zusammenhang zwischen dieser Lähmung und besonderen Sünden bestanden haben. Aber warum war die Schwiegermutter des Petrus krank? Die Bibel macht nicht die leiseste Andeutung darüber. Das Fieber hatte sie eben gepackt. Und bei Epaphroditus in Philippi liegt es erst recht fern, zu denken, daß eine »Sünde« diesen Mann todkrank gemacht habe (Phil. 2,27.30). Die Bibel kennt hier kein Schema. Aber weil der Mensch ein Ganzes ist nach Geist, Seele und Leib, darum ist er auch nicht »zufällig« leiblich krank, sondern auf das Ganze gesehen gehören seine leiblichen Entstellungen mit dem tiefen Riß in seinem Wesen, mit dem Losriß von Gott zusammen. Darum wird in Matth. 9 bei dem »Gichtbrüchigen« Heilung und Vergebung aufeinander bezogen. Darum wird in Matth. 8,17 das Heilen Jesu von Jesaja 53 her, vom Kreuz, vom stellvertretenden Tragen der Schuld her begründet: Jesus »machte alle Kranken gesund, auf daß erfüllt würde, was gesagt ist durch den Propheten Jesaja, der da spricht: Er hat unsere Schwachheit auf sich genommen, und unsere Krankheit hat er getragen.« Darum ist auch in Jak. 5,15 das Heil und die Heilung wie selbstverständlich miteinander verbunden: »Das Gebet des Glaubens wird dem Kranken helfen, und der Herr wird ihn aufrichten; und wenn er hat Sünden getan, wird ihm vergeben werden.«

Wir können hier dankbar von den Erkenntnissen moderner Medizin Gebrauch machen. Moderne Medizin läßt uns neu auf den Zusammenhang von »Sünde« und »Krankheit« achten. Auch sie tut es gerade nicht moralistisch-kleinlich, sondern in einem tieferen Sinn. Nicht so sehr die groben moralischen Entgleisungen, sondern die falschen inneren Haltungen des Menschen, wie Ehrgeiz, Neid, Verweigerung des Vergebens und andere Formen der Ichhaftigkeit, beeinflussen den Blutkreislauf und die Tätigkeit einzelner Organe. Die spürbaren Symptome an diesen Organen sind zunächst noch »seelischer« oder »nervlicher« Natur, bis sie allmählich zu direkten Organschädigungen und leiblichen Krankheiten führen. Umgekehrt wirkt sich ein inneres Zurechtkommen, eine Lösung und Erlösung der Seele befreiend und helfend auf den gesamten Organismus aus. Der Arzt kann es auch heute mit dankbarem Staunen erleben, wie eine wirkliche Vergebung der Sünden seinen Patienten auch körperlich wunderbar wiederherstellt.

Nun verstehen wir, warum es so sein muß, wie die Evangelien es uns zeigen: Jesus selbst – das ist die Heilung von Krankheit. Dem ganzen, von Gott losgerissenen und darum auch leiblich entstellten und kranken Menschen wird von Jesus geholfen. Das ist bei Jesus selbst ganz »natürlich«. Darum fehlt den neutestamentlichen Berichten das Aufgeregte, Gewaltsame und Schwüle, das uns in manchen modernen Heilungsbewegungen so beklemmend entgegentritt. Wir sollten wirklich die »biblische Atmosphäre« in ihrer Klarheit und Herbheit schmecken, um von daher gegen alles unbiblische Treiben gefeit zu sein, weil wir da sofort einen widerlichen unbiblischen Geschmack auf der Zunge haben. Wie knapp und nüchtern ist z. B. der Bericht über die Heilung der Schwiegermutter des Petrus in Mark. 1,30–31: ganze zwei Zeilen umfaßt er, und nach der Heilung kein Rühmen und Genießen des Wunders, nein, die Frau bindet ihre Schürze um und geht an die Arbeit. Und immer bleiben die Heilungen »Zeichen«. Die Krankheit ist mitfolgendes Zeichen der Sünde, der Entfernung von Gott. Die Krankenheilung ist mitfolgendes Zeichen (Mark. 16,17) des Heils, der Rückkehr zu Gott. Entscheidend bleibt die Vergebung und Versöhnung. Darum fehlt im Neuen Testament die Überspanntheit moderner Heilungsbewegungen: »Ein Kind Gottes darf nicht krank sein«, »Wenn du nur glaubtest, wärst du längst gesund.« Nein, es gibt mitten in der Umgebung eines Apostels auch kranke Menschen, die nicht sofort wunderbar und durch Glauben geheilt werden: Timotheus (1. Tim. 5,23), Epaphroditus (Phil. 2,25–27), Trophimus (2. Tim. 4,20). Aber in dem Träger und Aufheber unserer Sünde ist eine herrliche Macht leiblicher Hilfe und Wiederherstellung für uns da. Wir sollten ganz anders damit rechnen und Gebrauch machen.

Dabei sind diese Heilungen durch Jesus »Zeichen« der kommenden Vollerlösung und der neuen Schöpfung. Die durch Jesus Geheilten behielten den hinfälligen Leib, der morgen schon einer neuen Krankheit erliegen konnte. Die drei von Jesus aus dem Totenreich Zurückgeholten: das Töchterlein des Jairus, der Jüngling zu Nain und Lazarus, mußten früher oder später doch wieder sterben. Jesus konnte auch mit seinen großen Taten jetzt nur eine vorübergehende Hilfe erweisen. Er glich auch darin dem »Arzt«, der mit seinem ganzen Einsatz und mit Aufbietung aller Mittel seinen Patienten bestenfalls einige Jahre des Lebens zusetzen, sie aber nicht wirklich dem Tode entreißen kann. Liegt aber schon im Handeln jedes ernsten Arztes die Überzeugung zeichenhaft verborgen, daß Leben und Gesundheit das »Eigentliche« ist, dem zuletzt der Sieg gehören muß, so kündigt erst recht Jesus in seinen Heilungen sein kommendes Reich an, in dem Krankheit, Leiden und Tod aufgehoben sein werden. Jede Heilung Jesu ist wie eine helle flatternde Fahne des Lebens in der dunklen Welt der Krankheit und des Todes.

Auch hier ist es so, wie wir es immer wieder finden: Jesus selbst ist »das Leben« und darum auch die Heilung. Und weil es sich hier um das leibliche Leben handelt, ist auch die »Kraft« des Heilens eine leibhaftige in Jesus, mit der die Kranken in unmittelbare Berührung kommen dürfen. »Und alles Volk begehrte ihn anzurühren; denn es ging Kraft von ihm aus und heilte alle« (Luk. 6,19). Darum auch von Jesu Seite her das körperliche »Anrühren« in verschiedentlicher Form: »Da ergriff er ihre Hand, und das Fieber verließ sie« (Matth. 8,15). »Und es jammerte ihn, und er rührte ihre Augen an, und alsbald wurden sie wieder sehend« (Matth. 20,34). »Und er nahm ihn von dem Volk besonders und legte ihm die Finger in die Ohren und berührte mit Speichel seine Zunge und sah auf gen Himmel, seufzte und sprach zu ihm: Hephata! das ist: Tu dich auf!« (Mark. 7,33.34).

Aber wenn der Hauptmann von Kapernaum zu ihm sagt: »Herr, ich bin nicht wert, daß du unter mein Dach gehst, sondern sprich nur ein Wort, so wird mein Knecht gesund« (Matth. 8,8), dann bestätigt Jesus diesen Glauben mit Freude durch eine Heilung nur mit dem Wort.

VII. JESUS – DAS IST MACHT ÜBER DIE GEISTER

Neben den Heilungen stehen in den Evangelien viele Dämonenaustreibungen. Jesus selbst, das ist der, vor dessen Machtwort die unsauberen Geister weichen, in dessen lichter Gegenwart darum gequälte Menschen aufatmen und Gebundene frei werden. Der Jünger Johannes hat es später programmatisch zusammengefaßt: »Dazu ist erschienen der Sohn Gottes, daß er die Werke des Teufels zerstöre« (1. Joh. 3,8). Wieder gehört darum auch bei den Jüngern das Austreiben finsterer Mächte genauso wie das Heilen von Kranken zum ausdrücklichen Auftrag und zu ihrer Ermächtigung als Boten Jesu (Matth. 10,8; Mark. 16,17; Luk. 10,17–20). Aus dem Erleben des Apostels Paulus wird uns wenigstens die eine sehr folgenreiche Austreibung eines Wahrsagegeistes ausdrücklich berichtet: »Es geschah aber, da wir zu dem Gebet gingen, daß eine Magd uns begegnete, die hatte einen Wahrsagegeist und trug ihren Herren viel Gewinn ein mit Wahrsagen. Die folgte allenthalben Paulus und uns nach, schrie und sprach: Diese Menschen sind Knechte des allerhöchsten Gottes, die euch den Weg des Heils verkündigen. Solches tat sie manchen Tag. Paulus aber tat das wehe, und er wandte sich um und sprach zu dem Geist: Ich gebiete dir in dem Namen Jesu Christi, daß du von ihr ausfahrest. Und er fuhr aus zu derselben Stunde« (Apg. 16,16–18).

Wieder müssen uns die Tatsachen wichtiger sein als alle eigenen Meinungen darüber und als alle unsere Fragen. Wir können nicht unser Denken und unsern Erfahrungskreis für maßgebend halten und danach das Neue Testament beurteilen. Wir müssen vielmehr von den Tatsachenberichten der Bibel her uns in Frage stellen lassen. Vielleicht sind wir nur so naiv und so blind, daß wir die Mächte nicht erkennen können, die vor den Augen Jesu und seiner Jünger deutlich sichtbar waren. In der Medizin hat sich mit gutem Recht der Grundsatz durchgesetzt, daß die »Therapie« (die angewandte Heilungsart) hier und da erst die richtige »Diagnose« (die Bestimmung der Krankheit) ermöglicht. Wir hätten als moderne Menschen in jener »wahrsagenden Sklavin« in Philippi (Apg. 16,16 b) ein geisteskrankes Mädchen und in jenem »mondsüchtigen Knaben« von Matth. 17,14 einen Epileptiker gesehen und beide dementsprechend behandelt. Ob das aber geholfen hätte? Hier aber erfolgt die Befreiung durch ein einziges kurzes Machtwort an die dämonischen Gewalten. Also *waren* hier »Mächte« am Werk, denen der Inhaber größerer Macht befehlen konnte; die »Therapie« in ihrer Wirkung bestätigte diese »Diagnose«.

Das Neue Testament ist so wirklichkeitsnah, daß es völlig unsystematisch ist. Es spricht nirgends »grundsätzlich« vom Reich der Finsternis und von einer Einteilung und Klassifizierung der Dämonen. Die verschiedenartigsten Wirkungen gehen von den Dämonen aus. Sie werden in ihrer Tatsächlichkeit geschildert ohne jeden Versuch einer Erklärung, warum es zu so verschiedenen Zuständen kommt. Wir erfahren nicht einmal, wie alle diese Menschen in den Evangelien überhaupt unter die Macht unsauberer Geister gekommen sind. Hat jener besonders schwer besessene Mann zu Gadara (Mark. 5,1–15) an spiritistischen Sitzungen teilgenommen oder ist er besprochen worden? Darüber wird nicht ein Wort gesagt. Wichtig ist nur eins, was strahlend vor uns steht: Jesus hat Macht über die Geister und verleiht solche Macht denen, die ihm gehören und dienen. Jesus macht frei und löst von schweren, quälenden Gebundenheiten! Es geht dabei wirklich um »*Macht*«. Jesus kann uns auf seinem Lebensweg von der Krippe bis zum Kreuz als völlig »machtlos« erscheinen. Gegen die verdorbene Obrigkeit seines Volkes und gegen die Herrschaft der Römer hat er nie den leisesten Versuch einer Auflehnung gemacht. Bei seiner Verhaftung hat er dem Petrus jeden Waffengebrauch verwehrt und den verwundeten Gegner sofort geheilt. Es gehört das ganz zu Jesus selbst. Aber Jesus ist nicht »machtlos«! Wie könnte er ein wirklicher Erretter sein, wenn er mit ohnmächtigem Mitleid vor der Not der Menschen stände! Aber er sah schlimmere und mächtigere Bedrücker der Menschheit als Herodes und Pontius Pilatus, römische Regimenter und jüdische Tempelpolizei. Er wußte das, was sein Bote Paulus später aussprach: »Wir haben nicht mit Fleisch und Blut zu kämpfen, sondern mit Mächtigen und Gewaltigen, nämlich mit den Herren der Welt, die in dieser Finsternis herrschen, mit den bösen Geistern unter dem Himmel« (Eph. 6,12). Und hier, wo alle menschliche Macht versagte, setzte Jesus seine herrliche Macht ein und sprach wieder und wieder das Machtwort, dem die Dämonen sich beugen müssen. »Was ist das? Eine neue Lehre in Vollmacht! Er gebietet auch den unsauberen Geistern, und sie gehorchen ihm« (Mark. 1,27).

Es werden auch »Krankheiten« und »Dämonien« nicht schroff voneinander abgegrenzt. In Luk. 4,39 gebietet Jesus bei der Schwiegermutter des Petrus dem Fieber wie einem bösen Geist. Es wird von kritischer Seite gesagt: Jesus teilte den Glauben seiner Zeit, die den Ursprung von Krankheiten in unsichtbaren Mächten vermutet. Aber wenn Jesus diesen Glauben teilte, dann wird in ihm mehr Wahrheit sein, als wir heute zugeben wollen. Wissen wir denn so viel besser, was »Krankheit« eigentlich ist und woher sie kommt? Daß die modernen Mediziner wieder zu erkennen beginnen, daß leibliche Erkrankungen seelische und geistige Ursachen haben können, daran erinnerten wir schon. Wenn wir aber mit eigenen Augen sehen können, wie Krankheiten von Menschen und Tieren dem Wort und den Besprechungskünsten dämonischer Menschen weichen, sollen dann nicht auch dunkle Gewalten Krankheit hervorzurufen vermögen?

Über die Realität des Teufels und der Dämonen entscheiden nicht Theorien und Meinungen, sondern nur die Erfahrung. Der erfahrene Seelsorger weiß, was er weiß. Ihm ist es nicht um abgründige Lebensgebiete oder um ein absonderliches Geheimwissen zu tun. Wer heute mit wachen Augen in der Seelsorge steht, stößt, ob er will oder nicht, auf Tatbestände der okkulten Bindungen bis hin zur Besessenheit. Vor ihm tut sich immer mehr die Flut des Zauberwesens in seinen hundertfältigen Formen und Weisen auf. Da sind die scheinbar »harmlosen« Dinge: das Hufeisen, der Glücksklee, der Heckpfennig, die Furcht vor der 13 und der schwarzen Katze, die über den Weg läuft, das »Unberufen« mit dem dreimaligen Klopfen unter den Tisch. Auch hier zeigt sich schon deutlich die schwere Schuld alles Aberglaubens: immer liegt darin die Verachtung Gottes, als ob unser Glück und unser Leid nicht aus Gottes Hand käme, sondern von einem Kleeblatt, einem Hufeisen, einem Püppchen im Auto oder einer Zahl abhinge! Und immer ist der Aberglaube geheimnisvollen ungöttlichen Mächten zugewandt, die über unser Ergehen bestimmen und die man nicht »berufen« darf. Deutlich sind diese Mächte im Spiel, wenn man mit Kartenlegen und Wahrsagen und Handliniendeutung und Horoskop in die Zukunft eindringen oder mit Besprechen und Bepusten, Suchtenbrechen und Stillen Krankheit heilen will. Vollends ist man ihnen bewußt und deutlich verfallen, wenn man sich auf Pendeln, Gläserrücken, Tischrücken einläßt. Es wolle keiner das als »Unsinn« abtun oder sich darauf berufen, daß er es nur zum Spaß mitgemacht habe und daß es schon sehr lange her sei! Dem Teufel ist es einerlei, ob du ihm heute oder vor 40 Jahren den kleinen Finger reichtest, er hält sein Anrecht auf dich fest! Ob einer bewußt und mit Willen aus einem Giftfläschchen trinkt oder ob er es nur zum Spaß tut, weil er den Inhalt für harmlos hält, das ist in seiner Wirkung gleich: er vergiftet sich in beiden Fällen. So bringt auch jede Berührung mit den Dingen des Aberglaubens und der Zauberei in einen »Bann«, der sich oft in Anfällen von Schwermut und Dunkelheiten, in Selbstmordgedanken, Friedlosigkeit, Unfähigkeit zum wirklichen Hören des Wortes Gottes (auch in sexuellen Gebundenheiten) deutlich genug äußert, manchmal aber auch erst zutage tritt, wenn ein Mensch ernstlich zu Gott, zu Jesus kommen will. Jener besessene Mann in der Synagoge zu Kapernaum, von dem Markus in 1,21–27 erzählt, war vielleicht vorher ein ganz ruhiger Mensch, dem keiner etwas Besonderes angemerkt hätte. Aber unter der Verkündigung Jesu und in seiner heiligen Gegenwart brach die Finsternis hervor, die schon lange verborgen in seinem Herzen wohnte.

Noch einmal: ein erfahrener Seelsorger weiß, was er weiß. Er hat viel Not und Gebundenheit gesehen, die aus groben oder feinen Zaubereisünden erwachsen ist. Aber er hat auch, Gott sei Lob und Dank, vielfältig erlebt, wie Jesus diesen Bann der Finsternis zerriß und Gebundene frei machte. Nun konnten sie lebendig glauben, nun wichen Schwermut und Selbstmordgedanken, nun kam Friede und Freiheit in gequälte Herzen. Ja, man möchte sagen: Gerade hier wird die Wirklichkeit und die Macht Jesu so unmittelbar und so deutlich erfahren, wie kaum irgendwie sonst.

Von da aus gewinnen wir ein ganz neues Verhältnis zu den Berichten der Evangelien. Daß dort die finsteren Mächte noch viel krasser und wilder in Erscheinung treten, kann uns nicht wundern: in Jesus ist auch das Reich Gottes in ganz anderer Kraft und Herrlichkeit nahe. Aber wer je selber den Finsternismächten gegenüber gestanden hat, der erkennt die Gleichartigkeit der heutigen Gebundenheiten mit der Besessenheit, wie die Evangelien sie schildern. Er stößt auch auf Fälle, die er nur mit den gleichen Worten beschreiben kann, wie es die Evangelien tun.

Da wird klar: diese Macht über die Geister gehört ganz und gar zu Jesus selbst! Mit dem treffenden Durchblick einfacher und unverbildeter Menschen sehen es die Leute in Kapernaum, wie die »Lehre« Jesu mit seiner »Macht über die Geister« untrennbar zusammenhängt. So zieht Jesus selbst wie ein Magnet die Menschen an, die von Finsternismächten befleckt und gebunden sind. Jeder Bote Jesu erlebt das bis zum heutigen Tage.

Wie herrlich, daß es bei Jesus alles zusammen gehört: die Vergebung der Sünden, die Heilung von Krankheit, die Befreiung von satanischer Gewalt. Fröhlich singen wir es darum in der Gemeinde Jesu:

>»Jesus ist kommen, nun springen die Bande,
Stricke des Todes, die reißen entzwei.
Unser Durchbrecher ist nunmehr vorhanden;
er, der Sohn Gottes, der machet recht frei,
bringet zu Ehren aus Sünde und Schande;
Jesus ist kommen, nun springen die Bande.

Jesus ist kommen, der starke Erlöser,
bricht dem gewappneten Starken ins Haus,
sprenget des Feindes befestigte Schlösser,
führt die Gefangenen siegend heraus.
Fühlst du den Stärkeren, Satan, du Böser?
Jesus ist kommen, der starke Erlöser.«

(EKG 53,2 und 3)

Sind jetzt Leser dieses Buches an Nöte ihres eigenen Lebens erinnert worden, für die sie bisher keine rechte Erklärung hatten? Tauchen in ihrer Erinnerung Dinge auf, die mit Aberglauben und Zauberei zu tun haben? Dann mögen sie das nicht beiseite schieben. Sünden dieser Art müssen ans Licht durch ein offenes Bekenntnis. Darum braucht man hier einen Menschen, mit dem man sich aussprechen kann. Es muß ein Mensch sein, der Jesus selbst kennt. Dieser Mensch darf dann auch mit der Vollmacht Jesu jeden Bann lösen und das Herz aus Finsternis und Gebundenheit befreien.

Auch hier ist es, wie bei der Vergebung der Sünden, in auffallender Weise so, daß Jesus schon vor seinem besonderen Kreuzessieg diese Macht über die Geister besitzt. Er hat sie in seiner Person. Gleich am Anfang seiner Wirksamkeit in Galiläa, als das Kreuz noch ganz fern ist, weiß es der unsaubere Geist in dem Besessenen in der Synagoge von Kapernaum bereits: »Was willst du von uns, Jesus von Nazareth? Du bist gekommen, uns zu verderben. Ich weiß, wer du bist: der Heilige Gottes« (Mark. 1,24). Und weit vor dem Kreuz kann Jesus es sagen: »Wenn ich aber die bösen Geister durch den Geist Gottes austreibe, so ist das Reich Gottes zu euch gekommen« (Matth. 12,28). Darum ist und bleibt der furchtbaren Dämonenwelt gegenüber der Name Jesus wichtig und wirksam. In seinem »Namen« ist seine Person da in all ihrer rettenden und befreienden Macht. Der Name Jesu macht die Seinen unantastbar für den Feind, im Namen Jesu treiben sie die finsteren Gewalten aus.

VIII. JESUS – DAS IST DER GEKREUZIGTE

Es scheint etwas wie ein Widerspruch zu bestehen zwischen unserer Darstellung von »Jesus selbst« und aller Verkündigung, die das Kreuz Jesu und das Blut Jesu in den Mittelpunkt stellt und zur entscheidenden Größe macht. Diesen »Widerspruch« hat die liberale Theologie schon lange als den Widerspruch zwischen »Paulus« und dem »Jesus der Evangelien« empfunden und hervorgehoben. In den Evangelien (gerade auch bei Johannes, nicht etwa nur bei den »Synoptikern«)* ist es einfach Jesus selbst, Jesus in Person, der vergibt, heilt, löst, ohne daß dabei auf sein Kreuz Bezug genommen oder sein Blut

---

* »Synoptiker« nennt man die drei Evangelisten Matthäus, Markus, Lukas, weil ihre Darstellung sich besonders leicht »zusammenschauen« läßt. Man kann eine »Zusammenschau«, griechisch »Synopse« von ihnen herstellen.

erwähnt wird. Wo ist etwa, bei dem Vergebungswort an den Gelähmten, beim Freispruch der Ehebrecherin, bei der Erlösung der großen Sünderin, bei der Annahme des verlorenen Sohnes »das Kreuz«? Haben etwa erst die Jünger, hat eigentlich erst ein Paulus die Kreuzeslehre später in die »schlichte Botschaft Jesu« hineingebracht?

Hier ist zuerst zu sagen: Man kann doch wohl nicht das Blut (und das Kreuz) von Jesus selbst trennen! Nicht irgendein Blut als heilige Substanz für sich reinigt uns, sondern gerade nur das Blut Jesu! Nicht ein Kreuz als solches rettet uns, sondern gerade nur dieses eine Kreuz, an dem kein anderer, sondern Jesus selbst hängt. Es haben nach der Eroberung Jerusalems durch die Römer 2000 Kreuze um die Stadt her gestanden. Aber auch sie alle zusammen sind nicht der kleinste Anfang unserer Erlösung. Nicht »das Kreuz« oder »das Blut« ist unser Heil, sondern Jesus, der Gekreuzigte und Blutende. Wir sollten nicht so »dinglich« von unserer Erlösung reden, als käme sie durch Sachen und Substanzen zustande. Wir näherten uns sofort damit dem Heidentum. Es ist eine Person, es ist Jesus selbst, der uns errettet, freilich durch sein Bluten und Sterben, aber doch er selbst. Und alles, was er selbst ist, gehört mit dazu. Einzig und erst dieser Jesus ist das unerhörte Opfer, das Gottes Zorn stillen konnte. Es bleibt bei der modernen Theologie (Bultmann) unbegreiflich, warum die Kreuzigung eines Rabbi Jesus, von dem wir nicht allzu viel wissen, das entscheidende Geschehen zwischen Gott und uns sein soll. Aber man kann auch umgekehrt Jesus selbst nicht von seinem Kreuz und von seinem Blut trennen. Jesus selbst *ist* eben der Gekreuzigte und das heißt der Ausgestoßene, Zerschlagene, Blutende, Sterbende. Er ist dies nicht zufällig und nebenbei, sondern wesenhaft und notwendig. Das gilt es nun zu erfassen. Der dem Gelähmten und der großen Sünderin ohne ein Wort vom Kreuz vergibt, der die Zöllner und Sünder an seinem Tisch aufnimmt ohne eine Silbe von seinem Blut, ist dennoch faktisch der, der auf dem Wege zum Kreuz ist und der sein Blut vergießen wird! Und schon rein geschichtlich ist es so, daß er gerade diese seine Liebe zu den Zöllnern und Sündern mit seinem Leben wird bezahlen müssen.

Wenn wir »das Kreuz« von Jesus trennen und in falscher Verselbständigung zu einem Heilsding machen, dann wird es zugleich eine undeutliche mystische Sache an sich. Wir wissen dann nicht mehr klar, was wir meinen, wenn wir sagen: »Das Kreuz.« In Wirklichkeit ist es aber ganz anders. Die Kreuzigung Jesu ist ein Geschehen von furchtbarer Deutlichkeit. Das frömmste Volk der Welt, das einzig wirkliche »Gottesvolk« der Erde, stößt damit Jesus aus seiner Mitte aus. Mit leidenschaftlichem Haß vernichtet es ihn als einen Gotteslästerer und Verbrecher. Das Kreuz Jesu ist der notwendige Endpunkt eines langen Weges der Entfremdung, der Feindschaft, des unauflösbaren Gegensatzes.

Wo beginnt dieser Weg? Wo hebt das an, was in der Kreuzigung seinen letzten sichtbaren Ausdruck findet? Wahrlich nicht erst bei dem Einzug in Jerusalem! Jesus ist der »Gekreuzigte« nicht erst und nicht nur am Karfreitag. Er ist es sein Leben lang. Das Kreuz Jesu ist nicht ein Zusatz zu seinem Leben, der erst am Ende für kurze Zeit seinem Leben angeheftet wird. Das Kreuz bestimmt Jesu ganzes Leben. Das beginnt in der Kindheit. Wir machen uns keine Vorstellung davon, wie schmerzhaft fremd sich schon das Kind Jesus in dieser Welt und selbst im eigenen Elternhaus fühlen mußte. In der Erzählung vom 12jährigen Jesus im Tempel wird es einmal sichtbar. In der Antwort des Kindes an die frommen Eltern liegt eine Tiefe des staunenden Schmerzes: »Was ist's, daß ihr mich gesucht habt? Wisset ihr nicht, daß ich sein muß in dem, was meines Vaters ist?« (Luk. 2,49). Wie seltsam, wie unbegreiflich kalt ist euer Verhältnis zu Gott! Ihr habt die Festtage in Jerusalem gefeiert, und nun ist es euch genug, nun wollt ihr wieder euch selbst und der Welt gehören. Wie fremd bin ich unter euch, wie unverstanden und einsam!

Nur eben einen Blick in das Kinderleben Jesu läßt uns die zurückhaltende Bibel tun. Aber wie unheimlich und grauenhaft mußte diese ganze Welt und Menschheit dem vorkommen, der das »Vater, dein Name . . . dein Reich . . . dein Wille . . .!« wesenhaft in seinem Herzen trug von Kindheit an! Oh, diese Flut von Gottlosigkeit, von Verachtung Gottes, von Lieblosigkeit und Selbstsucht und Selbstherrlichkeit! Unerträglich! Dazu diese Flut von Krankheit, Entstellung, Leiden, Sterben in der Menschheit Gottes! Diese Gewalt Satans und seiner Dämonen über Menschen, die Gottes freie, herrliche Kinder sein sollten! Hier mußte sich Jesus früh die entscheidende Frage stellen: Soll ich aus dieser entsetzlichen Welt an das Herz des Vaters zurückfliehen oder soll ich das alles täglich, stündlich sehen, aushalten, tragen? Johannes der Täufer hat Jesus darum sofort und noch vor dem Beginn seiner öffentlichen Wirksamkeit wahrhaft erkannt: »Siehe, das ist Gottes Lamm, welches der Welt Sünde trägt« (Joh. 1,29). Johannes hat das nicht auf Golgatha gesagt, sondern lange davor, als er Jesus zum erstenmal zu ihm kommen sah. Er sah ihn durchdringend als den »Gekreuzigten«, auch wenn Jesus damals noch frei und den anderen unbekannt »wandelte«.

Jesus konnte aber diese »Fremdheit« der Welt um ihn her, auch der »frommen Kreise«, nicht empfinden, ohne zugleich das Befremden zu spüren, das er notwendig seinerseits erregte. War er so total anders als sie alle, so mußte er entweder – wie bei seiner Familie – den Verdacht der Überspanntheit, ja, des Wahnsinns erregen (Mark. 3,21) oder mit seiner brennenden Gott- und Menschenliebe ein ständig bohrender Vorwurf für die anderen sein. Wenn er später ausspricht: »Die Welt kann euch nicht hassen, mich aber haßt sie; denn ich bezeuge ihr, daß ihre Werke böse sind« (Joh. 7,7), welche Erfahrungen stehen hinter solchem Wort. Wie hat er diesen Haß immer mehr heranwachsen sehen. Ihn Tag für Tag als Ablehnung und Ausstoßung und Mordwillen zu fühlen, das war ein Gekreuzigtwerden lange vor dem letzten Geschehen auf Golgatha.

So tief und so lange gehören Jesus selbst und das Kreuz zueinander, so sehr ist Golgatha nur das letzte Offenbarwerden eines Leidens und Sterbens, das schon das Kind Jesus getroffen hatte.

Aber so wahr Jesus der Sohn war und in allem zuerst dem Vater hingewendet lebte, so wahr mußte er gerade in diesem allen fragend vor dem Vater stehen. Der Haß der Welt, der ihn traf, die Gottlosigkeit, die er trug, die Zerstörung der Schöpfung, die ihn quälte – was galt das alles vor Gott? Mitten durch das alles hindurch durfte er mit Vollmacht von Gott her vergeben, heimholen, lösen. Aber lag nicht hier vor ihm, dem Sohne, die Frage, die ihm die anderen empört entgegenhielten: Wie kannst du es wagen zu vergeben, also geschehene Schuld als ungeschehen und den Sünder wie einen Gerechten behandeln? Lag diese Frage vor ihm, dem Sohn, nicht unendlich viel tiefer und mächtiger noch? Der die Ehre des Vaters über alles liebte, konnte er zugleich die lieben, die diese Ehre mit Füßen traten? Konnte der Sohn bei dem Manne einkehren, der jahrelang den Vater und seinen heiligen Willen um seines Geldes willen verraten und verleugnet hatte? Konnte er sich den Dank einer Frau gefallen lassen, die Gottes gute, reine Schöpfung hundertmal besudelt und verdorben hatte?

Jesus selbst stand vor dem Problem des Vergebens. Wir machten es uns schon deutlich (s. Seite   ): jede Schuld ist eine Tatsache, die wie ein Felsblock zwischen zwei Personen liegt. Dieser Felsblock verschwindet nicht vor einem freundlichen Wort, er muß aus dem Wege fortgeräumt und fortgetragen werden. Und dieses Forttragen darf und kann nicht der

Schuldige selber tun, er würde damit selbst über seine Schuld verfügen, und dazu hat er kein Recht. Fortheben darf und kann ihn gerade nur der andere, an dem die Schuld geschah. Aber auch er muß den Fels wirklich aufheben und tragen. Auch er darf nicht einfach die Schuld ignorieren und übergehen. Er würde selber schuldig, behandelte er die Schuld als nicht der Rede wert. Nur, indem er unter der Schuld des anderen leidet, tiefer leidet als der Schuldige selbst, gewinnt er das Recht, die Schuld aufzuheben, und macht er sein Vergeben ernst und wirksam. So ist es schon zwischen zwei Menschen. Der Ehebrecher kann seine Schuld nicht beseitigen. Nur der andere Ehegatte kann den Ehebruch aus dem Wege tun. Aber auch er kann und darf es nicht so tun, als ob ein Ehebruch belanglos wäre. Nur das ernste Leiden unter der Tat des anderen gibt ihm das innere Recht, die Gemeinschaft mit dem Ehebrecher wieder herzustellen und die Schuld auszulöschen in wirksamem Vergeben.

Erst recht ist es so zwischen Gott und Mensch, wo die Schuld als Schuld an Gott unendlich groß wird. Alles »gut machen wollen« und »abbüßen« von seiten des Schuldigen ist nur neue Schuld, weil er damit so tut, als habe seine Sünde kein unendliches Gewicht. Darum hat Jesus im Gleichnis vom »Schalksknecht« (Matth. 18,21–35) diesen Knecht mit 40 Millionen Mark verschuldet sein lassen. Das ist eine Summe, die für die damalige Zeit eine »phantastische« war: die Provinz Galiläa und Peräa brachte an Steuern jährlich nur den 50. Teil dieser Summe. Wer an Gott schuldig wurde, ist in einer Schuldverhaftung, aus der nur ein unendliches »Lösegeld« ihn freikaufen kann. In heißen Schmerzen muß die Schuld »gesühnt« werden, und gerade nur der, an dem gesündigt wurde, kann diese Sühne leisten.

Gerade dies tat der Sohn. Er durchleidet den doppelten Schmerz. Ihm ist es ein tiefes Weh, den geliebten Vater so verunehrt zu sehen. Und seine Liebe leidet unter Schuld und Verdorbenheit der sündigen Menschen. So ist er das Lamm Gottes, das allein fähig ist, den Felsblock, den Felsberg der Schuld der Menschen wegzutragen, vergehend in Angst und Grauen unter dieser Schuld. »Er ist die Versöhnung für unsere Sünden; nicht allein aber für die unseren, sondern auch für die der ganzen Welt« (1. Joh. 2,2). So hat er selbst sein eigenes Lebenswerk angesehen: »Gleichwie des Menschen Sohn ist nicht gekommen, daß er sich dienen lasse, sondern daß er diene und gebe sein Leben zu einer Erlösung für viele« (Matth. 20,28). Wir haben über den Sinn seines Sterbens nur dies eine kurze Wort aus seinem Mund. Er hatte davon nicht zu *reden*, er hatte es zu *tun!* Das eine Wort genügt, um uns den Blick in die Tiefe seines Tuns zu öffnen.

Jesus tat dieses sein Werk nicht nur in den wenigen Stunden seines Sterbens am Kreuz. Er tat es fort und fort in seinem Leben. Er tat es, als er dem Gelähmten zusprach: »Sei getrost, mein Sohn; deine Sünden sind dir vergeben.« Er tat es, als er sich bei Zachäus zu Gast lud: »Ich muß heute in deinem Hause einkehren!« Und das Tun des Vaters im Gleichnis vom verlorenen Sohn schildert sein Tun, das Tun Jesu, der auch beim Zöllner-Gastmahl unter der glückseligen Schar als der sitzt, der unter ihrer Sünde leidet und ihre Schuld an das Kreuz tragen wird.

Das ist Jesus selbst, der Sohn, der Anwalt unseres Nächsten, der Weg zum Leben und zur Größe, der Vergebende, der Heilende, der Sieger über satanische Mächte, aber alles nur so, daß er das Lamm Gottes ist, beladen mit der Sünde der Welt.

Im Kreuzesleiden findet es dann seinen letzten, zusammenfassenden und alles besiegelnden Ausdruck. Darum ist die Botschaft von Jesus selbst zugleich das Wort vom Kreuz, und umgekehrt das Wort vom Kreuz immer die volle Botschaft von Jesus selbst.

»Ich bete an die Macht der Liebe, die sich in Jesus offenbart«, so singen wir in der Gemeinde. Man kann das ganze Sein und Wirken Jesu zusammenfassen in dem einen Wort »Liebe«. »Wie er hatte geliebt die Seinen, die in der Welt waren, so liebte er sie bis ans Ende« (Joh. 13,1). Aber wenn wir es so sagen, dann muß uns dabei klar bleiben: diese Liebe war nichts »Einfaches« oder gar »Selbstverständliches«. Hier werden unbegreiflicherweise wir geliebt, an denen nichts zu lieben ist. Hier werden wir geliebt, die wir in unserer gottlosen, ichhaften, ichverseuchten Art dem reinen Herzen Jesu etwas Grauenhaftes sein mußten. Diese Liebe ist also von vornherein und bis zum Ende *leidende Liebe*, blutende Liebe, gekreuzigte Liebe. Nicht erst eine seltsame Dogmatik der Kirche hat künstlich eine »Kreuzeslehre« in das »einfache« Bild des liebenden Heilandes hineingetragen. Das Kreuz, das stellvertretende Tragen und Leiden ist die Grundform des ganzen Daseins und Handelns Jesu in dieser Welt. Das Wort von der »Liebe Jesu« verkennt uns, den Gegenstand dieser Liebe, und darum auch die Art dieser Liebe selbst, wenn es ihre Kreuzesgestalt nicht sieht.

Aber nun müssen wir noch einmal an das denken, was wir grundlegend für Jesu Wesen und Herz gleich am Anfang vor uns sahen: Jesus ist der Sohn, in allem ganz auf den Vater ausgerichtet. Was bedeutet das Kreuz des Sohnes für den Vater? Wie steht der Sohn in seinem Kreuzesleiden zum Vater?

In der Kreuzeslehre der Kirche kommt immer wieder die Neigung durch, Gott zum Objekt der versöhnenden Tat des Sohnes zu machen. Wie etwa eine Mutter sich bei dem zornigen Vater für ein schuldiges Kind verwendet und mit ihrer Liebe den Vater umstimmt, daß er dem Kinde vergibt, so habe Jesus Gottes Zorn durch sein Bluten gestillt und Gott uns gnädig gemacht. Aber welch ein bedenkliches Licht fiele dann auf Gott!

Der Sohn wäre dann liebevoller und barmherziger als der

allzu harte Vater, der erst durch das Leiden des Sohnes zur Güte gebracht werden mußte. Der Sohn wäre auch seinerseits nicht mehr der, der »nichts von sich selber tun kann, sondern was er sieht den Vater tun, das tut gleicherweise auch der Sohn« (Joh. 5,19). Er fiele gleichsam dem Vater in den Arm und bewirkte etwas, was der Vater selbst nicht eigentlich wollte. Unmöglich! Nein, es ist das einmütige Zeugnis aller großen Aussagen des Neuen Testamentes: Gott ist das Subjekt der Versöhnung. Nicht Gott wird versöhnt, sondern »Gott war in Christus und versöhnte die Welt mit ihm selber« (2. Kor. 5,19). Gott hat »die Welt also geliebt, daß er seinen eingebornen Sohn gab, auf daß alle, die an ihn glauben, nicht verloren werden« (Joh. 3,16). »Gott hat seines eingebornen Sohnes nicht verschont, sondern hat ihn für uns alle dahingegeben« (Röm. 8,32). »Was dem Gesetz unmöglich war, das tat Gott und sandte seinen Sohn« (Röm. 8,3). »Darin stehet die Liebe: nicht daß wir Gott geliebt haben, sondern daß er uns geliebt hat und gesandt seinen Sohn zur Versöhnung für unsere Sünden« (1. Joh. 4,10). Auf seinem ganzen Kreuzeswege ist Jesus ganz und gar der Sohn, ganz der Gehorsame, ganz der, der den Willen des Vaters tut.

Und doch dürfen wir jene kirchliche Lehre nicht allzu eilig wegwerfen. Sie meint etwas sehr Wichtiges, was wir nur zu gern vergessen. Sie sieht die Schwere unserer Schuld und den Ernst des Zornes Gottes. Gott hat die Welt geliebt, Gott hat die Welt mit sich versöhnt; das heißt nicht und darf niemals heißen: der gutmütige Gott nimmt Sünde nicht tragisch und drückt seine Menschenkinder ohne weiteres an sein Herz. Noch einmal steht das Geheimnis des Vergebens vor uns. Schon im alltäglichen Leben stoßen wir darauf. Wenn die Mutter dem Kinde eine Lüge, einen Ungehorsam vergibt, kann das niemals bedeuten, daß Ungehorsam und Lüge nicht so schlimm sind und von der Mutter übergangen werden können.

Die Gegner Jesu mißverstanden sein Vergeben in dieser Weise. Sie meinten, Jesus mißachte das heilige Recht Gottes und nehme die Sünde leicht. Der Sohn aber ehrt Gottes Recht, wie kein Mensch, auch der strengste Pharisäer nicht, Gottes Recht ehrte. Er sah in Gott den, »der Leib und Seele verderben kann in die Hölle« (Matth. 10,28), und der das volle Recht dazu hat. Er wußte, daß der Zorn Gottes nicht eine unbillige Härte ist, sondern die notwendige und wahrhaftige Antwort des Heiligen Gottes auf die Gott-losigkeit der Menschen, der frommen wie der unfrommen. Und dies alles blieb im Herzen des Sohnes nicht ein theoretisches Wissen und Anerkennen. Er stellte sich gerade als der Vergebende und Helfende unter den Zorn. Er lieferte sich selbst dem gerechten Gericht Gottes über die Sünde aus. Er nahm die Schuld derer, denen er vergab, so an, daß er selbst dadurch der Schuldige vor Gott wurde.

Und Gott nahm das seinerseits in vollem Ernst entgegen. Er gab den Sohn wirklich dahin. Darum schützt er ihn nicht vor dem Kreuz und entnimmt ihn nicht dem Haß der Welt. Dies Preisgeben Jesu durch Gott geschah durch das ganze Leben Jesu hindurch. Schon seine Geburt in diese Welt hinein war solche Preisgabe. Schon das Kind Jesus, das in dem sein mußte, was seines Vaters ist, war doch zugleich vom Vater ausgeliefert in diese Einsamkeit und Fremde. Aber freilich, in der letzten Passion des Karfreitags kommt es erst zur vollen Auswirkung. Hier hat das Kreuz im engeren Sinn seine einzigartige Bedeutung. Hier ist in einer letzten Tiefe der Sohn, »der die Sünde nicht kannte, für uns zur Sünde gemacht« (2. Kor. 5,21). Gerade im Vergeben muß die Sünde noch einmal ganz als Sünde in ihrer Schrecklichkeit und Unverzeihlichkeit sichtbar werden. Darum wird der heilige Gottessohn als Gotteslästerer verurteilt, der Leib, von dessen Berührung Kraft und Gesundung ausging, von Peitschen zerfleischt, die Hände, die Heil und Vergebung spendeten, ans Verbrecherkreuz genagelt, der

Geliebte des Vaters vom Vater verlassen und verstoßen, der Sieger über Satan der Finsternis ausgeliefert, der Fürst des Lebens in den Tod versenkt. Gott will das so haben, damit keinen Augenblick sein wahres und völliges Vergeben mit einer Duldung des Bösen und einer Abschwächung seiner radikalen Verurteilung verwechselt werden kann.

Welch ein ungeheures Geschehen von beiden Seiten her. Den einen Einzigen, der nichts als Gehorsam und Ehrerbietung und Liebe für ihn hat, stößt Gott von sich wie die Sünde selbst und gibt ihn dem Zorn und Gericht preis. Und der Sohn, der sein Leben einzig in der Liebe des Vaters hat, der nichts anderes kannte als das Leben im Vater und für den Vater, läßt sich so preisgeben an Gottes Gericht.

Er tut es – für uns! Nun können wir nicht mehr stehenbleiben bei dem bequemen, theoretischen Satz, den wir als christlich erzogene Menschen längst kennen: Ja, ich weiß, Christus starb für mich am Kreuz. Nun sind wir ganz persönlich in dieses ungeheure Geschehen hinein verflochten. Jesus sah uns und die unaufhebbare Last unserer Schuld, an der wir im Gericht Gottes zugrunde gehen müßten. Da trat er an unsere Stelle, da nahm er schweigend unsere Last auf sich und ließ sich für uns dem Zorn Gottes preisgeben. Sehen wir es? Können wir noch einen Augenblick uns selbst gehören und uns selbst leben? Müssen wir nicht unser ganzes Herz und Leben in niemals endender Dankbarkeit dem hingeben, der das für uns tat?

Damit ordnet sich unser Verhältnis zu Gott. Nun »kann« Gott dem Schuldigen vergeben und ihn als sein geliebtes Kind an sein Herz nehmen. Denn nun sucht dieser seine Sünde nicht mehr zu entschuldigen, zu verkleinern, zu verdecken. Nun ist Wahrheit in seinem Leben. Er erkennt es selber an, daß seine Schuld gegen Gott unbezahlbar war. Er ehrt in dem für ihn dahingegebenen Sohn den Vater so, wie ein Sünder ihn ehren kann. Der geliebte, gehorsame, das Gericht willig leidende

Sohn ist dem Vater gegenüber zugleich der Garant für ihn, daß er in der Hingabe seines Herzens an ihn in den Gehorsam gegen Gottes Willen hineinwachsen wird, bis er endlich Jesus gleich sein wird, wenn er ihn sehen wird, wie er ist.

Jesus selbst – das ist der Gekreuzigte. Es gibt keinen anderen Jesus als den Gekreuzigten, während seines ganzen Lebens und Handelns auf Erden, auf Golgatha und in alle Ewigkeit (Offb. 5,6). Die Botschaft von Jesus ist das Wort vom Kreuz. Und dieses Kreuz ist die einzige Offenbarung der wahren Liebe. So hat der Sohn den Vater geliebt, daß er nicht anders vergeben wollte als im Tragen des göttlichen Zornes. So hat der Sohn mich geliebt, daß er des Vaters Zorn auf sich nahm, um mich zu retten. So hat der Vater mich schuldigen Rebellen geliebt, daß er für mich den geliebten Sohn preisgab. So hat der Vater den gehorsamen Sohn geliebt, daß er den Gekreuzigten zum Auferstandenen und König des Weltalls machte.

IX. JESUS – DAS IST DER AUFERSTANDENE

Was wir »das Kreuz« nennen, war ein ungeheurer Vorgang zwischen Gott, Jesus und der Menschheit. Jesus übernahm die Haftung für die Schuld der Welt und wurde solidarisch mit der Sünde. Darum gab Gott ihn dahin in Zorn und Gericht. Jesus sprach dazu sein gehorsames Ja und bot sein Leben dem Vater zum Lösegeld für die verlorene Welt. Nun lag das nächste Wort notwendig beim Vater. Und der Vater sprach dieses Wort in der Auferweckung Jesu aus den Toten am Ostermorgen.

Das Geschehnis selbst ist für uns unbegreiflich. Wie sollte es auch anders sein, wenn Gott selbst seine entscheidende Tat ausführt. Darum ist es auch nicht verwunderlich, wenn die Berichte über Ostern im Neuen Testament sehr verschiedenartig sind und sich nicht vollständig vereinigen lassen. Wiederum: wie sollte es auch anders sein, wenn Menschen etwas erleben, was über ihre Fassungskraft und Erkenntnismöglichkeit so weit hinaus geht! Aber in dem einen sind sich alle Zeugen einig: Jesus selbst, der Gekreuzigte, Gestorbene, Begrabene lebt; er lebt in einer ganz neuen, aber mächtigen und realen Daseinsweise. Er lebt nicht im Jenseits, so daß er nur ab und an den Jüngern als ein »Geist« erscheint. Nein, Jesus ist »leibhaftig« auferstanden und hat eine handelnde und herrschende Gegenwart bei den Seinen, in Israel, ja in der ganzen Welt.

Darum gilt gerade von dem Auferstandenen dieses »Jesus selbst«. Nicht irgendein unbekannter Rabbi aus Nazareth ist auferstanden. Wie sollte uns dann diese Nachricht glaubhaft sein. Der »Glaube« an dieses »Kerygma« (Verkündigung) wäre ein gewaltsamer Zustimmungsakt zu einer Behauptung, die wir in Wirklichkeit nicht glauben und auch nicht glauben können. Ein seltsames Mirakel stände vor uns, dessen Sinn und Ziel uns unbegreiflich bliebe. Aber wenn wir Jesus selbst kennengelernt haben, den Sohn, den Weg zum Leben, den Vergebenden, Heilenden, Befreienden, den »Fürsten des Lebens«, dann ist seine Auferstehung aus den Toten in all ihrer unbegreiflichen Herrlichkeit doch auch wieder geradezu »natürlich«. So sagt es auch Petrus in der Pfingstpredigt: »Den hat Gott auferweckt und aufgelöst die Schmerzen des Todes, wie es denn unmöglich war, daß er sollte von ihm gehalten werden« (Apg. 2,24). Darum wird die Osterbotschaft immer nur dem faßbar und glaubhaft, der Jesus selbst kennt. Alles, was wir in den Kapiteln unseres Buches miteinander gesehen haben, hilft uns dazu, daß wir es jetzt fassen können, wenn die Boten Jesu uns sagen: »Diesen Jesus hat Gott auferweckt, des sind wir alle Zeugen« (Apg. 2,32).

Und umgekehrt: Durch seine Auferweckung vom Tode wird

Jesus uns als dieser »Jesus selbst« aufs neue und für immer geschenkt. Er wird dadurch auch uns geschenkt, uns, den fernen Menschen des 20. Jahrhunderts, die durch den tiefen Graben des Raumes und der Zeit von dem Jesus der Evangelien getrennt waren. Im Licht von Ostern sehen wir alles, was wir miteinander betrachteten, erst mit seliger Freude in unmittelbarer Gegenwart. Es ist nicht nur geschichtlich so, daß die Evangelien Zeugnisse über Jesus von Ostern her sind und ohne Ostern nie geschrieben worden wären. Es ist auch sachlich und wesentlich richtig, daß es so ist. Wäre Jesus im Tode geblieben, dann hätte es zuletzt keinen Wert für uns, Jesus in den Evangelien kennenzulernen. Der Hebräerbrief hat es in klassischer Kürze ausgesprochen: »Jesus Christus gestern und heute und derselbe auch in Ewigkeit« (Hebr. 13,8). Dieses Wort ist gleichsam die mächtige Unterschrift unter alle Berichte der Evangelien. Wiederum: wahrhaft Ostern feiern – und für die Gemeinde Jesu ist jeder Sonntag eigentlich ein Ostertag – heißt nicht nur, sich der allgemeinen Tatsache einer Durchbrechung des Todes dankbar freuen, sondern Jesus selbst immer besser kennenlernen, der uns durch Ostern zum gegenwärtigen Herrn gegeben ist.

Nun müßten wir von Ostern her die Kapitel unseres Buches noch einmal lesen. Wohl begegneten wir beim ersten Lesen Jesus selbst, Jesus in Person, und Jesus selbst tat sein richtendes und rettendes Werk an uns. Jetzt aber ist es uns von Gott selbst bestätigt und versiegelt, daß das nicht nur innere Vorgänge in unserem Herzen waren, sondern das Handeln des lebendigen, auferstandenen Jesus selbst. »Der Herr aber tat hinzu täglich, die gerettet wurden, zu der Gemeinde« (Apg. 2,47). Auch uns hat er selbst so hinzugetan, wenn wir ihn als den Sohn, als den Anwalt unseres Nächsten, als den Weg zum Leben, als den Vergebenden, Heilenden und aus der Finsternis Befreienden erfahren haben.

Unser Blick soll aber noch einmal besonders an dem Kreuz Jesu haften. Gilt es wirklich auch vor dem heiligen Gott, daß Jesus an meine Stelle trat und die Last meiner Schuld auf sich nahm? Hat das Lösegeld für mich ausgereicht und ist es angenommen? Bin ich wirklich errettet, kann ich vor Gott dessen absolut gewiß sein? Durch die Auferweckung Jesu, meines Bürgen, sagt Gott auf diese Frage meines erschrockenen Gewissens sein klares Ja! In diesem Sinne kann man es sagen, daß der tiefste Sinn von Ostern die Bestätigung des Kreuzesgeschehens durch Gott ist.

Aber wir sollen hier nicht systematisieren und dadurch verengen. Im Neuen Testament ist alles viel lebendiger, herzlicher, fröhlicher und reicher. Gott sagt nicht ein kühles allgemeines Ja zu meiner Errettung durch das Kreuz, sondern er sagt es so, daß er mir diesen meinen Erretter als meinen lebendigen Herrn, als mein neues Leben wiederschenkt. Nun hebt das österliche Leben an, das eigentlich »christliche« Leben. Es ist ganz und gar nicht mehr das Leben unter dem Gesetz, sondern es ist das Leben »in Christus« und ist umgekehrt das Leben Jesu in uns. Es steht unter der herrlichen Regel: »Das Leben ist für mich Christus« (Phil. 1,21) und »Ich lebe aber; doch nun nicht ich, sondern Christus lebt in mir« (Gal. 2,20). Durch das Geschenk von Ostern kam die große Umkehrung in unser Leben. Da ist nun nicht mehr ein einsames Ich, das sich allein mit sich selbst abquälen muß, um es Gott recht zu machen, höchstens, daß ein kleiner, ferner Jesus dabei ab und an hilft. Nein, hier bin ich winziges Ich, und hier unmittelbar in lebendiger Gegenwart ist der große Jesus selbst da. Er hat mich geliebt, er hat mich errettet, er hat mein Leben und Herz in seine Hände genommen. Er wirkt fort und fort an mir und durch mich, wenn ich nur glaube, wenn ich nur mich ihm überlasse und ihm Raum gebe. Nun muß ich nicht zum hundertsten Mal gute Vorsätze fassen, aus denen doch nichts wird, nicht wieder und wieder Anläufe nehmen, die doch rasch scheitern. Nein, Ostern bestätigt es mir: Jesus selbst ist da, er in seiner ganzen Fülle. Jesus selbst als der, der alles aufdecken wird, immer tiefer und radikaler, aber der auch immer weiter reinigen, befreien und beleben wird. Jesus selbst, der uns hineinziehen wird in den Sohnesgeist und das Sohnesdenken und Sohneswollen: »Vater, ja, dein Name . . ., dein Reich . . ., dein Wille . . .!« Wenn wir so leben, dann leben wir ohne Sorge und ohne Angst, dann freuen wir uns darauf, weiterzuleben und weiterzudienen an dem Platz, an dem wir stehen.

Wir können es, weil auch die Todesfrage für uns durch Ostern gelöst ist. Sie wird niemals mit Theorien und Beweisen gelöst. Wäre das leibliche Sterben zugleich das totale Ende unseres Daseins, so wäre das für viele Menschen tröstlich und für einige Glückliche traurig, aber es wäre kein Schrecken und kein Grauen dabei. Schrecken und Grauen überkommen uns, weil wir ahnen, daß der Tod eine feindselige Macht ist, die mit der Macht der Sünde und mit der Macht der Finsternis im engen Zusammenhang steht. Da hilft uns kein philosophischer Nachweis eines »Lebens nach dem Tode«. Im Gegenteil. Daraus erwächst gerade die Todesfurcht, daß wir fortleben müssen und doch nicht wissen, in wessen Hände wir dabei fallen.

Der reiche Mann lebte fort nach seinem Sterben, aber er war »im Totenreich und in der Qual«. Darum brauchen wir nicht kluge Gedanken und schöne Anschauungen, sondern den Sieger über die Macht des Todes, den Befreier aus der Gewalt der Finsternis und den Tilger unserer Schuld. Jesus selbst als der Auferstandene »hat dem Tode die Macht genommen und das Leben und ein unvergänglich Wesen ans Licht gebracht durch das Evangelium« (2. Tim. 1,10). Er sagt es uns: »Ich war tot; und siehe, ich bin lebendig von Ewigkeit zu Ewigkeit und habe die Schlüssel der Hölle und des Todes« (Offb. 1,18). »Nun darf ich ihm, dem Herrn, sterben, wenn und weil ich ihm, dem

Herrn, gelebt habe« (Röm. 14,7–8). Das Sterben ist nicht mehr das grauenvolle Hinweggerissenwerden ins unbekannte Dunkel, sondern ein »Auswandern aus dem Leib und ein Einwandern zum Herrn« (2. Kor. 5,8: »Wir sind aber getrost und haben vielmehr Lust, außer dem Leibe zu wallen und daheim zu sein bei dem Herrn.«), ein »Abbrechen des Zeltes und bei Christus sein« (Phil. 1,23: »Beides liegt mir hart an: Ich habe Lust, abzuscheiden und bei Christus zu sein, was auch viel besser wäre.«). Das schenkt uns Jesus, weil er selbst starb und von den Toten auferstand. So wird unser Sterben neu, wie auch unser Leben durch ihn neu geworden ist.

Ein Wort noch an alle, die noch nicht klar ein Eigentum Jesu sind und die schon oft gefragt haben mögen: Aber wie soll ich das denn machen, »zu Jesus kommen« und »mein Leben Jesus übergeben«? Es wäre freilich eine phantastische und unmögliche Sache, wenn Jesus nur eine historische Gestalt wäre oder jetzt nur in einem fernen Jenseits lebte. Aber Jesus ist als der Auferstandene auch der gegenwärtige Herr. »Siehe, ich bin bei euch alle Tage bis an der Welt Ende.« Darum können wir »zu Jesus kommen« genauso einfach und wirklich, wie wir zu irgendeinem Menschen kommen. Wir können Jesus anreden, und er hört uns. Und wenn wir ihm Herz und Leben ausliefern, stürzen wir nicht ins Leere, sondern dann ist er selbst da und nimmt uns und unser Leben an. Darum ist dieser Schritt zu Jesus so wirksam, wirksam bis in die Ewigkeit hinein, weil wir bei diesem Schritt nicht allein sind und nicht selbst etwas Frommes und Großartiges tun, sondern weil Jesus da ist und an uns handelt. Jesus kennt uns längst und hat uns schon lange um den teuren Preis seines Lebens erworben und gewonnen. Wir gehören ihm rechtmäßig. Aber er nimmt sein Eigentum nicht gewaltsam an sich. Er achtet uns in seiner Liebe und wartet auf unser freiwilliges Jawort. Wenn wir aber dieses Ja aufrichtig sprechen (wir können es jetzt beim Lesen dieses

Buches tun), dann vollstreckt er sein Eigentumsrecht an uns, und niemand wird uns mehr aus seiner Hand reißen. Unsere Übergabe an ihn und seine Treue zu ihm bleibt freilich auch bei dem größten subjektiven Ernst unvollkommen und brüchig genug. Unverbrüchlich und vollkommen ist immer nur seine Liebe zu uns. Er hält uns mit seiner Treue und Geduld in seiner Hand, weil er der Auferstandene ist, der »von den Toten erweckt, hinfort nicht stirbt; der Tod kann hinfort über ihn nicht herrschen. Denn was er gestorben ist, das ist er der Sünde gestorben ein für allemal; was er aber lebt, das lebt er Gott« (Röm. 6,9–10). Darum ist es eine selige Sache, ein »Christ«, ein »Christuseigentum« zu sein.

X. JESUS – DAS IST DAS HAUPT DES LEIBES, NÄMLICH DER GEMEINDE

In allen Kapiteln haben wir immer den einzelnen vor Jesus gesehen. Das war richtig und notwendig. Jesus hat es mit dem einzelnen zu tun. »Dir sind deine Sünden vergeben«, »Ich muß heute in deinem Hause einkehren«, »Will mir jemand nachfolgen . . .«, »Steh auf, nimm dein Bett und geh heim« – das konnte immer nur bestimmten einzelnen gesagt werden. Echte Liebe liebt nicht allgemein, sondern wird konkret. Sie meint das Du in seiner ganzen einmaligen Bestimmtheit. Darum ist auch der einzelne zur Antwort gerufen. »Glauben« kann immer nur jeder je für sich. Die Auslieferung meines Lebens ist unvertretbar meine eigene Sache.

Und doch würde alles falsch, wenn wir von daher meinten, es ginge bei Jesus nur um uns, nur um mein kostbares Ich. O ja, es ist zum Staunen wahr: ich, ich war ihm so viel wert, daß er für mich sein Leben gab. Aber gerade weil ich darüber nur staunen und keinen Grund dafür in mir selber finden kann, weiß ich, daß diese Liebe des Christus nicht eine menschlich-persönliche war, nicht eine mein Ich verzärtelnde Neigung. Die Redewendungen vom »Seelenfreund«, »Seelenbräutigam« – in der Bibel nicht vorkommend – sind darum bedenklich und irreführend. Als wir Jesus selbst kennenlernten, sahen wir sofort zuerst den Sohn und das Reich. Jesus sieht nicht in der Liebe einzelner Seelen sein Glück. Das Herz Jesu ist erfüllt von der großen Sache Gottes in ihrem weltweiten Ausmaß. Wenn ich also mit Paulus zu sagen wage – und ich muß das wagen –, daß der Sohn Gottes mich geliebt und sich selbst für mich dargegeben habe (Gal. 2,20), so bleibt er darin doch der Sohn Gottes, und seine hingebende Liebe zu mir, dem fluchwürdigen Sünder, ist eingeschlossen in die Sohnesliebe zum Vater und in den Einsatz für das Kommen des Reiches und die Verherrlichung des Namens Gottes. Mit seiner ernsten Liebe erlöst hat mich der, dessen Leben den großen Plänen des Vaters gehört und der mich mit seiner Erlösung in diese Pläne mit hineinnehmen will.

Darum steht sein Name selten allein da. »Jesus, der Christus« wird er wieder und wieder genannt. »Der Christus«, das ist »der Messias«, der König Israels, der Heilskönig. Jesus trägt den Königstitel. Oder es wird von Jesus als dem »Kyrios« (»Herr«) gesprochen. Dies Wort meint den »Herren« noch im Vollsinn, den Weltherrscher, den Herren über alle Gewalten, Mächte und Kräfte der ganzen Schöpfung. »So wisse nun das ganze Haus Israel gewiß, daß Gott diesen Jesus, den ihr gekreuzigt habt, zum Herrn und Christus gemacht hat«, sagt Petrus am Schluß seiner Pfingstpredigt (Apg. 2,36). Bei unserer allerpersönlichsten, von unauslöschlichem Dank erfüllten Beziehung zu Jesus dürfen wir es nie vergessen, daß es der Kyrios und Christus ist, dessen Hand uns »aus der grausamen Grube zog« (Ps. 40,3).

Dann ist von vornherein klar, daß wir Jesu wunderbare Liebe nie zum persönlichen Genuß haben, sondern als die so teuer von ihm Erkauften für ihn, den Sohn, König und Herren da sind. »Bekehrt um zu dienen«, sagt Paulus von den Thessalonichern (1. Thess. 1,9). Es ist ernst mit unserer Erlösung von der Sünde. Das Wesen der Sünde liegt – wie wir sahen (vgl. Seite 61 ff) – nicht in moralischen Flecken, sondern in unserer Ichhaftigkeit und Lieblosigkeit gegen Gott und Menschen. Darum ist es eine schreckliche Verkennung des Erlösungswerkes Jesu, wenn wir durch sein Lieben unsere Icherhöhung noch verstärken, uns noch mehr in unserem Ich sonnen und unsere Ich-Einsamkeit und das Leben für uns selbst festhalten! Nein, diese sich hinopfernde Liebe Jesu löst uns wirklich von unserer Lieblosigkeit, durchbricht unsere Gefangenschaft in unserem Ich, holt uns aus der Einsamkeit heraus und öffnet uns neu für Gott und die Menschen. Wir werden dadurch noch nicht »sündlos«, wir werden keine moralischen Musterknaben. Aber wer nicht frei wurde zum Dienen, wer nicht die Seligkeit des wirklichen Liebens empfing, der ist noch nicht erlöst! Der hat wahrscheinlich nur eine Lehre von der Erlösung, aber noch nicht Jesus selbst als seinen Erlöser empfangen.

Erlöste Menschen sehen mit freiem Blick um sich und sehen zu allererst mit Freude diejenigen, die in gleicher Weise Jesus selbst kennen und von Jesus erlöst worden sind. »Wer da liebt den, der ihn geboren hat, der liebt auch den, der von ihm geboren ist« (1. Joh. 5,1).

Die Gleichgeborenen, die sich untereinander kennen und lieben, sind »Brüder«. Sie bilden miteinander die Familie Gottes, die »Gemeinde«, den »Christusleib«. »So seid ihr nun nicht mehr Gäste und Fremdlinge, sondern Mitbürger der Heiligen und Gottes Hausgenossen« (Eph. 2,19). Sie alle hängen an Jesus und leben aus Jesus, er ist »das Haupt«, sie sind »Glieder«. Die durch Jesu Lebenshingabe Erretteten und Erworbenen gehören ihm für immer. Sie sind aber nicht eine regellose, unter sich beziehungslose Schar von Einzelseelen. Die 3000, die Pfingsten zum Glauben kamen, mußten nicht erst einen Vortrag über das Wesen der Kirche hören, ganz von selbst »blieben sie in der Apostel-Lehre und in der Gemeinschaft und im Brotbrechen und im Gebet.« Erlöste lieben die Brüder. Lieben aber ist konkret und verbindet konkret und herzlich. »Alle aber, die gläubig waren geworden, waren beieinander und hatten alle Dinge gemeinsam« (Apg. 2,44).

Diese »Gemeinde« gehört aufs engste zu Jesus selbst. Sie ist sein erster Lohn, die erste Frucht seines Kommens und seines Sterbens. »Jesus selbst«, das ist immer zugleich sein Leib, seine Gemeinde. Diese ist wesensmäßig immer nur eine, auch wenn sie heute in verschiedenen »Kirchen« in Erscheinung tritt. Sie reicht als die eine Gemeinde über den ganzen Erdball und wächst als die eine Gemeinde durch alle Jahrhunderte.

Man muß nicht sofort fragen: »Wozu ist die Gemeinde da?« Sie hat ihren Sinn zunächst in sich selbst. Wer Jesus ist und was Jesus tut, das wird an ihr herrlich sichtbar. Aber freilich, eben damit ist sie auch das Zeugnis Jesu in der Welt. Sie ist das nicht zuerst durch ihre Worte und ihr Reden, sondern durch ihr Dasein und ihr Leben. Sie gleicht darum einer Stadt, die auf einem Berge liegt und nicht verborgen sein kann (Matth. 5,14). Gerade das brüderliche Zusammenleben ist dieses Zeugnis. Daß es in dieser Welt der Kälte und der Ichsucht den Raum eines herzlichen, umfassenden Füreinander gibt, in diesem Meer des Nachtragens, Vergeltens und Hassens den Raum echten Vergebens, mitten in aller Friedlosigkeit, Sorge und Angst eine Stätte des Friedens, mitten im Jagen und Ringen um Macht und Ehre eine Schar, die willig dient und fröhlich den untersten Weg geht – das redet unüberhörbar zu allen Herzen, in denen die Sehnsucht nach solchem Leben nicht erlöschen kann. So *ist* die Jüngergemeinde Jesu das Salz der Erde, das Licht der Welt einfach in ihrem Dasein; sie muß es nicht erst durch besondere Bemühungen werden.

Dann aber wird sie von Jesus auch aktiv gebraucht als sein Leib zu seinem Wirken in die Welt hinein. Es ist ein Grundzug im Handeln Gottes mit der Welt, daß Gott nur ganz ausnahmsweise direkt eingreift, sonst aber seine Sache auf Erden wieder und wieder durch Menschen ausrichtet. So handelt auch der Sohn. Er bleibt nicht als der Auferstandene auf Erden, um selber zu verkündigen und Wunder zu tun. Gewiß, »der Herr tat hinzu täglich, die da gläubig wurden zu der Gemeinde«, aber er tut es durch seine Boten. Der Name des Herrn Jesu hat den kranken Bettler geheilt, aber Petrus muß seine Hand ausstrecken und das entscheidende Wort sagen (Apg. 3,6–8). So sehr ist der Leib Jesu wirklich sein Werkzeug, seine Jünger wirklich seine Glieder. Jesu Wort kommt auf den Lippen seiner Zeugen zu den Menschen. »Wer euch hört, der hört mich« (Luk. 10,16). Jesu Erretten geschieht in der rettenden Evangelisation eines Paulus, der ein wirksamer »Christusduft« in die Welt hinein ist (2. Kor. 2,15). »Es geschahen aber viele Zeichen und Wunder im Volk durch der Apostel Hände« (Apg. 5,12). Jesu machtvolle Hände sind in den Händen der Apostel da. Und selbst das entscheidende Wort an Saul von Tarsus spricht Jesus nicht selbst vor Damaskus, sondern sagte es durch den einfachen Christen Ananias (Apg. 9,17–18).

Auch für uns ganz persönlich ist es so. Unsere Erweckung aus dem Tode, unsere Begegnung mit Jesus selbst, unsere Bekehrung zu ihm geschah nicht durch Visionen oder mystische Stimmen, sondern im Wort des Bruders, in Verkündigung und Seelsorge. Auch in den Kapiteln dieses Buches lernten wir Jesus nicht anders sehen als im Hineinschauen in das Neue Testament, in das apostolische Zeugnis. Und in mancher kritischen Stunde des Lebens war es wiederum der Bruder, durch den Jesu ernste Liebe uns mahnte, tröstete und reinigte.

Ist die Gemeinde der »Leib Christi«, dann ist es nicht erstaunlich, daß ein Wesenszug der Gemeinde das Leiden ist. Wir sahen, daß für Jesus selbst das Kreuz nicht nur ein einzelnes Geschehnis am Abschluß seines Lebens war, sondern sein ganzes Leben bestimmte. Darum muß auch die Gemeinde als sein Leib grundmäßig die Kreuzesgestalt haben. So hat es Jesus seinen Jüngern immer wieder gesagt, am grundsätzlichsten Joh. 15,18–19: »Wenn euch die Welt haßt, so wisset, daß sie mich vor euch gehaßt hat. Wäret ihr von der Welt, so hätte die Welt das Ihre lieb; weil ihr aber nicht von der Welt seid, sondern ich euch aus der Welt erwählt habe, darum haßt euch die Welt.« So hat es Paulus den Korinthern gezeigt, in deren Gemeindeleben das Kreuz allzu wenig ausgeprägt war: »Wir tragen allezeit das Sterben Jesu an unserem Leibe, auf daß auch das Leben Jesu an unserem Leibe offenbar werde« (2. Kor. 4,10). Er sorgte sich um die »Vielen«, die »Feinde des Kreuzes Christi« sind, weil sie »auf das Irdische sinnen« (Phil. 3,18–19). Ihm war die »Anteilhabe an dem Christusleiden« nicht eine bittere Pflicht, sondern ein Gegenstand seines Verlangens (Phil. 3,10–19).

Die rechte Stellung zum Leiden wird die Gemeinde nur finden, wenn sie Jesus selbst in seinem Wesensgegensatz gegen die Welt erfaßt und es verstanden hat, daß sein Kreuz gerade aus seiner reinen Liebe erwuchs. Sie wird dann auch für sich selbst ein Leiden scheuen, das etwa nur aus ihrem Kampf um eigene Größe und Herrschaft oder aus Richtgeist und Überheblichkeit entspringt, und nur das Leiden willig und herzlich auf sich nehmen, das ihr gerade auf ihren Wegen der Liebe, der Sanftmut, des Dienens und der Reinheit erwächst. Sie wird es erfahren, daß sie in solchem Leiden ganz in Jesus selbst ist, ganz der Leib Christi in der Welt, und wird darum gerade im Leiden die Gegenwart Jesu bei sich erleben.

»Vater, dein Name werde geheiligt, deine königliche Herrschaft komme, dein heiliger, guter Lebenswille geschehe auf dieser Erde, wie er jetzt schon in deinem Himmel geschieht.« Das war das eigentliche Verlangen in Jesus, dem Sohne. Dafür gab er auf Golgatha sein Leben und sein Blut. Am Ostermorgen gab ihm der Vater den ganzen Sieg und machte ihn zum »Kyrios«, zum »Herrn« der Welt. Seitdem geht die Botschaft von Jesus durch die Welt zu allen Völkern. Die Gemeinde wird gesammelt aus allen Nationen und auch aus Israel. Aber – ist das schon alles? Ist das schon die Erfüllung der Sohnesbitten im Vaterunser? Ist es nicht vielmehr so, wie es der Apostel Paulus in Röm. 8,22 sagt, »daß die ganze Schöpfung sich mit sehnt und mit in Wehen liegt bis zu diesem Augenblick«? Ein sehnliches Warten geht durch die ganze Schöpfung. »Nicht allein aber sie, sondern auch wir selbst, die wir haben des Geistes Erstlingsgabe, sehnen uns auch bei uns selbst nach der Kindschaft und warten auf unseres Leibes Erlösung. Denn wir sind wohl gerettet, doch auf Hoffnung« (Röm. 8,23–24a).

Wir empfangen als Jünger Jesu nur eine »Erstlingsgabe des Geistes«. Es liegt das Bild der »Anzahlung« zugrunde oder das Bild von der »ersten Garbe«, die vor Beginn der eigentlichen Ernte in den Tempel gebracht und Gott geweiht wurde. Was Jesus heute tut und in seiner Gemeinde erreicht, ist also nur eine gewisse »Anzahlung«, ist erst eine einzelne Garbe. Die eigentliche Summe ist ungleich viel größer, die kommende Ernte weit umfassender! Es besteht aber nicht nur ein quantitativer Unterschied wie zwischen »Anzahlung« und »Gesamtsumme«. Das Warten und Sehnen ist weit tiefer begründet. Die gegenwärtige Existenz ist von geradezu unerträglichen Spannungen erfüllt. Satan, der Urfeind Gottes, ist durch Jesus besiegt – aber wie rätselhaft groß ist dennoch seine Macht, wie sehr ist er immer noch der »Fürst dieser Welt«. Jesus hat dem Tode die Macht genommen – aber welche Orgien feiert der Tod bis heute. Jesus ist alle Gewalt gegeben im Himmel und auf Erden – aber Millionen leben, ohne sich um Jesus zu kümmern. Wir sind nun Gottes Kinder – aber welch kümmerliche, kraftlose, unschöne Gestalten sind wir. Wenn es mit dem Evangelium ernst ist, dann kann das alles nicht so bleiben. Jesus kann sein Werk nicht nur angefangen haben, er muß es noch vollenden. Die ganze Ernte muß kommen.

Jetzt »wartet« auch Jesus, wie die ganze Kreatur wartet und wir Christen mit ihr. »Dieser aber hat ein Opfer für die Sünden geopfert, sitzt nun für immer zur Rechten Gottes und wartet hinfort, bis daß seine Feinde zum Schemel seiner Füße gelegt werden« (Hebr. 10,12–13). Er wartet und hält seine Macht zurück, weil die Menschen jetzt die volle Freiheit der Entscheidung haben sollen. Jesus will nur solche zu Gliedern seines Leibes haben, die ungezwungen durch äußere Macht, unverlockt durch äußere Vorteile, ja, bereit zu leiden und zu sterben, zu ihm kommen und an ihm selbst hängen.

Aber diese Zeit, in der die Gemeinde aus allen Völkern gesammelt wird, hat einmal ein Ende. Jesus kommt wieder! Dann kommt die ganze große Ernte. Dann vollendet Jesus sein Werk.

Wir kennen aus dem kirchlichen Glaubensbekenntnis immer nur die »Wiederkunft Jesu zum Weltgericht«. Aber das ist eine ganz unbiblische Verkürzung der Wahrheit. Dem Haupt ist sein Leib so wert, daß Jesus bei seinem Wiederkommen zuerst an seine Gemeinde denkt, sie sammelt und vollendet. Schon Jesus selbst hat davon gesprochen, daß er bei seiner Wiederkunft »senden wird seine Engel mit hellen Posaunen, und sie werden sammeln seine Auserwählten von den vier Winden, von einem Ende des Himmels bis zum andern« (Matth. 24,31). Diese zu Jesus entrückte Gemeinde kommt nach der Verheißung ihres Herrn nicht in das Weltgericht, sondern ist schon »vom Tode zum Leben hindurchgedrungen« (Joh. 5,24), ja, sie nimmt nach der klaren Aussage 1. Kor. 6,2.3 sogar auf Seiten des Richters am Weltgericht teil. Allerdings, auch sie erfährt ihre »Vollendung« nur durch ein »Gericht« hindurch, das mit dem »Weltgericht« nicht verwechselt werden darf. Der Apostel hat dieses Gericht vor dem »Preisrichterstuhl« uns in 1. Kor. 3,11–15 näher beschrieben. Das Gericht über die Gemeinde ist wiederum Jesus selbst, der Flammenblick seiner Augen und das Feuer seines Wesens. Wir sind und bleiben ewig errettet, wenn wir ihm unser Leben übergeben und am Kreuz sein Vergeben empfangen. Aber nun treten wir mit unseren Werken, mit allem, was wir in seinem Dienst taten und bauten, in dieses Feuer seiner Gegenwart. Alles was seinem Wesen nicht entspricht, seiner selbstlosen Liebe, seinem lauteren Erbarmen, seiner hellen Reinheit, das verbrennt. Nur was »Gold, Silber, edle Steine« war, weil es aus Jesu eigenem Wesen kam, besteht vor ihm.

Haben wir aber schon jetzt und hier nur aus Jesus selbst leben und dienen können, dann ist für die gereinigte, verklärte und vollendete Gemeinde vollends Jesus selber allein das Leben. »Wir werden bei dem Herrn sein allezeit« (1. Thess. 4,17), das ist der ganze unendliche Inhalt der Ewigkeit. Die Ewigkeit kann nichts bringen, was nicht hier in der Zeit schon begonnen hätte, aber sie bringt es in Vollendung. »Meine Lieben, wir sind nun Gottes Kinder, und es ist noch nicht erschienen, was wir sein werden. Wir wissen aber, wenn es erscheinen wird, daß wir ihm gleich sein werden; denn wir werden ihn sehen, wie er ist« (1. Joh. 3,2). Ewige Herrlichkeit, himmlische Vollendung besteht in nichts anderem als in diesem »Jesus gleich sein«. Höheres und Seligeres gibt es nicht. Nun ist Gottes Ziel erreicht: »Denn welche er zuvor ersehen hat, die hat er auch verordnet, daß sie gleich sein sollten dem Ebenbilde seines Sohnes, auf daß derselbe der Erstgeborene sei unter vielen Brüdern« (Röm. 8,29). Das ist »unaussprechliche und herrliche Freude« (1. Petr. 1,8).

Diese mit Jesus selbst ewig vereinte Gemeinde darf alles miterleben, was ihr Haupt in der Vollendung seines Auftrages noch zu vollbringen hat. Denn die Sammlung und Vollendung der Gemeinde ist nicht das einzige und nicht das letzte Ziel der gewaltigen Pläne Gottes. Was wird aus der Erde? Aus der Menschheit? Aus der ganzen Schöpfung? Sollte sie vergessen und den widergöttlichen Todesgewalten überlassen bleiben? Unmöglich!

Darum kommt Jesus mit den Seinen zur Erde. Auch jetzt ist er es selbst, in dem alles beschlossen liegt. Es wird das Gericht über die Völker gehalten (Matth. 25,31 ff). Was ist der entscheidende Maßstab bei diesem Gericht? Nicht irgendein Gesetzbuch mit Regeln und Paragraphen, sondern allein Jesus selbst. Was der Menschensohn den Verurteilten vorhält, sind nicht moralische Vergehen gröberer und feinerer Art. Jesus sagt den Verurteilten zu seiner Linken nicht: »Geht weg von mir, ihr Verfluchten, ihr habt die Ehe gebrochen, ihr habt Meineide geschworen, ihr habt gemordet!« Kein Wort davon. Nur um die Stellung zu Jesus geht es: »Ich bin hungrig gewesen, und ihr habt mich nicht gespeist. Ich bin durstig gewesen, und ihr habt mich nicht getränkt. Ich bin ein Fremdling gewesen, und ihr habt mich nicht beherbergt. Ich bin nackt gewesen, und ihr habt mich nicht bekleidet. Ich bin krank und gefangen gewesen, und ihr habt mich nicht besucht« (Matth. 25,42–43). Aber es geht ja dabei um Menschen aus den »Völkern«, also um Menschen, die Jesus gar nicht kannten! Wie konnten sie denn Jesus selbst etwas tun oder nicht tun? Wie konnten sie Jesus dienen oder nicht dienen? So fragen sie denn auch: »Herr, wann haben wir dich gesehen hungrig oder durstig oder als einen Fremdling oder nackt oder krank oder gefangen und haben dir nicht gedient?« (Matth. 25,44).

Nun wird es wieder gültig, was wir im vorigen Kapitel sahen: Haupt und Leib, Jesus und seine Gemeinde gehören untrennbar zusammen. In den »Gliedern« ist das Haupt selbst zugegen. »Wer euch hört, der hört mich«, ließen wir uns schon sagen. Jetzt geht beim Völkergericht der Blick der Liebe Jesu auf seine geringsten Brüder: »Was ihr nicht getan habt einem unter diesen Geringsten, das habt ihr mir auch nicht getan« (Matth. 25,45).

Dann richtet Jesus Gottes Friedenreich auf dieser Erde auf. Auch das tut er dadurch, daß er als Jesus selbst da ist und mit den Seinen regiert. So steht es in unserem Gesangbuch:

>»O des Tags der Herrlichkeit!
>Jesus Christus, Du die Sonne,
>und auf Erden weit und breit
>Licht und Wahrheit, Fried und Wonne!
>Mach dich auf, es werde Licht!
>Jesus hält, was er verspricht.« (EKG 220,6)

und

>»Drum kann nicht Friede werden,
>bis deine Liebe siegt,
>bis dieser Kreis der Erden
>zu deinen Füßen liegt,
>bis du im neuen Leben
>die ausgesöhnte Welt
>dem, der sie dir gegeben,
>vors Angesicht gestellt.« (EKG 422,4)

Wenn aber Jesu Liebe siegt, wenn Jesu Leben alles erfüllt, wenn vor Jesu Flammenaugen das letzte Dunkel flieht, dann ist das Reich Gottes da. Darum sagt die Offenbarung auch von der neuen verwandelten Schöpfung und ihrer großen Gottesstadt: »Und die Stadt bedarf keiner Sonne noch des Mondes, daß sie ihr scheinen; denn die Herrlichkeit Gottes erleuchtet sie, und ihre Leuchte ist das Lamm. Und die Völker werden wandeln in ihrem Licht« (Offb. 21,23–24). Auch in der letzten Vollendung ist es nichts anderes als Jesus selbst, der alles durchstrahlt.

Wenn aber alles vollendet sein wird, die Gemeinde und die ganze Schöpfung und alles Jesus untertan und von ihm selbst erfüllt, dann erfolgt eine letzte herrliche Tat, in der Jesus noch einmal abschließend ganz der ist, als den wir ihn kennenlernten. »Wenn aber alles ihm untertan sein wird, alsdann wird auch der Sohn selbst untertan sein dem, der ihm alles untertan hat, auf daß Gott sei alles in allem« (1. Kor. 15,28). Das war das Tun des liebenden Vaters: »Darum hat ihn auch Gott erhöht und hat ihm den Namen gegeben, der über alle Namen ist, daß in dem Namen Jesu sich beugen sollen aller derer Knie, die im Himmel und auf Erden und unter der Erde sind, und alle Zungen bekennen sollen, daß Jesus Christus der Herr sei, zur Ehre Gottes, des Vaters« (Phil. 2,9–11). Das aber ist die Antwort des liebenden Sohnes: »Alsdann wird auch der Sohn selbst untertan sein dem, der ihm alles untergetan hat.« Das ist Liebe, mächtige, vollkommene Liebe des Vaters und des Sohnes. In diese Liebe hineingenommen sein, in ihr leben, denken, anbeten, jubeln – das ist ewige Herrlichkeit.

Werden wir dabei sein? Die Entscheidung darüber fällt jetzt in unserm Leben. Jesus selbst ist uns begegnet. Er hat uns sein Wort gesagt, das Wort des Gerichtes und das Wort der retten den Liebe. Was ist unsere Antwort?

NEUE R. BROCKHAUS TASCHENBÜCHER